全国职业教育轨道交通"十二五"规划教材·城市轨道交通

城市轨道交通客运管理

主　编　陈爱琴　贾文婷　齐小青
副主编　陈如柏　米秀杰

北京交通大学出版社

·北京·

内 容 简 介

本书是城市轨道交通职业教育规划教材之一。

全书围绕城市轨道交通客运管理工作所要求的知识与技能组织内容，用任务驱动的形式进行项目编写，内容精炼实用。本书共设计 7 个项目，内容包括城市轨道交通客运组织管理基础、车站、车站客运设备与客运服务系统、票务作业、客运组织、客运服务、客运安全管理。

本书可以用作城市轨道交通职业教育相关专业的教材，也可供从业人员和管理人员参考。

图书在版编目（CIP）数据

城市轨道交通客运管理/ 陈爱琴，贾文婷，齐小青主编. —北京：北京交通大学出版社，2017.8（2019.7 重印）

（全国职业教育轨道交通"十三五"规划教材）

ISBN 978 - 7 - 5121 - 3282 - 5

Ⅰ.①城…　Ⅱ.①陈…　②贾…　③齐…　Ⅲ.①城市铁路-轨道交通-客运管理-职业教育-教材　Ⅳ.①U239.5

中国版本图书馆 CIP 数据核字（2017）第 169450 号

城市轨道交通客运管理
CHENGSHI GUIDAO JIAOTONG KEYUN GUANLI

责任编辑：陈跃琴

出版发行：北京交通大学出版社　　　电话：010 - 51686414　http：//www. bjtup. com. cn

地　　址：北京市海淀区高粱桥斜街 44 号　邮编：100044

印　刷　者：艺堂印刷（天津）有限公司

经　　销：全国新华书店

开　　本：185 mm×230 mm　　印张：14.5　　字数：325 千字

版　　次：2017 年 8 月第 1 版　　2019 年 7 月第 3 次印刷

书　　号：ISBN 978 - 7 - 5121 - 3282 - 5/U · 267

印　　数：7 001 ~ 9 500 册　　定　价：36.50 元

本书如有质量问题，请向北京交通大学出版社质监组反映。对您的意见和批评，我们表示欢迎和感谢。

投诉电话：010 - 51686043，51686008；传真：010 - 62225406；E-mail：press@ bjtu. edu. cn。

丛书编委会

出 版 说 明

进入 21 世纪，我国把"发展城市轨道交通"列入国民经济第十个五年计划发展纲要。在经历了十几年的高速发展之后，中国拥有城市轨道交通的城市已经由 2000 年的 3 座（北京、上海、广州）上升至 2014 年的 22 座。截至 2014 年年底，中国的城市轨道交通运营线路已达 88 条，总运营里程超过 3 000 km（包含地铁、有轨电车等），占全球城市轨道交通总运营里程的 25% 以上。

城市轨道交通的快速发展，带来了对城市轨道交通专业人才的巨大需求。巨大的城市轨道交通人才需求，为职业教育城市轨道交通专业的发展带来了良好的机遇，各职业院校纷纷开设了城市轨道交通相关专业，针对城市轨道交通专业的教材也陆续出版，但总的来说，教材存在体系不完善、内容理论叙述过多、缺乏岗位针对性等问题。

2011 年，北京交通大学出版社出版"高等教育城市轨道交通系列教材"，包括《城市轨道交通概论》《城市轨道交通客运管理》等二十多种图书，被全国三十多所学校选用，其中郑州城轨交通中等专业学校连续三年使用，有近万名学生毕业。教学实践中发现，"高等教育城市轨道交通系列教材"存在理论叙述过多、岗位针对性不强等问题。

为促进和规范城市轨道交通职业教育教材体系的建设，满足城市轨道交通专业人才培养的需要，适应目前职业教育"校企结合，工学结合"的教学改革形式，北京交通大学出版社以"高等教育城市轨道交通系列教材"为基础，依托北京交通大学的城市轨道交通专业优势资源和教学资源优势，组织郑州城轨交通中等专业学校、北京交通职业技术学院、新疆铁道职业技术学院等职业院校明星教师，联合北京地铁、郑州地铁和武汉地铁的一线人员，从培养行业紧缺人才、关键岗位人才急需技能的角度，在北京交通大学、郑州地铁公司、郑州铁路局、郑州城轨交通中等专业学校等单位有关领导和专家的大力支持下，共同策划编写了这套"全国职业教育轨道交通'十三五'规划教材"。

本系列教材从 2015 年 8 月起陆续出版，首批包括：

(1) 城市轨道交通概论；

(2) 城市轨道交通安全管理；

(3) 城市轨道交通票务管理；

(4) 城市轨道交通行车组织；

(5) 城市轨道交通专业英语；

(6) 城市轨道交通运营管理；

(7) 城市轨道交通信号与通信；

（8）城市轨道交通法律法规；

（9）城市轨道交通客运管理；

（10）城市轨道交通服务礼仪；

（11）城市轨道交通车站设备运用与管理；

（12）城市轨道交通车辆运用与管理。

本套教材的编写，遵照"以就业为导向"的人才培养模式，突出"创新独特"的特点，根据各门课程的授课内容和内容特点，采用最适合这门课的形式进行编写。例如《城市轨道交通专业英语》，授课目的是让学生掌握客服英语会话技能，能看懂英文设备使用说明书，因此在内容安排上大胆创新，采用漫画的方式中英文对照介绍各种客服场合可能会用到的会话和广播内容，并对常用设备图文对照进行功能性介绍。《城市轨道交通安全管理》则结合 30 多个城市轨道交通安全事故进行内容讲解，事故后果触目惊心，学生对所学内容印象深刻。

在内容组织方面，本着理论部分通俗易懂，实操部分图文并茂的原则。理论知识以应用为目的，以够用为原则。实操部分总结了北京、武汉、郑州等地的地铁运营管理经验，侧重实际工作岗位操作技能培养。例如《城市轨道交通行车组织》《城市轨道交通票务管理》等以培养工作技能为主的课程，则"按项目教学，任务驱动"的方式，围绕职业能力的形成组织内容。在文字表述方面，充分考虑了职业院校学生的认知特点，文字简练，通俗易懂；版式生动活泼，图文并茂。

为方便教学，本套教材配套有教学课件，读者可登录北京交通大学出版社网站免费下载。

希望本套教材的出版，能为城市轨道交通的发展、城市轨道交通职业教育人才的培养有所裨益。希望职业院校师生在使用本套教材后能及时反馈意见和建议，我们将根据您的建议来对教材做进一步完善、修订，使我们能更好地为城市轨道交通人才培养服务。

编辑邮箱：825470827@ qq. com。

北京交通大学出版社

2015 年 8 月

前　言

进入21世纪以来，伴随着中国经济社会的快速发展，我国城市轨道交通步入了快速发展时期。预计到2020年，全国拥有城市轨道交通的城市将达到50个，总的运营里程将达到6 600 km，按照城市轨道交通企业每公里从业人员配置参数经验值60人计算，到2020年，人才需求总量接近40万人，人才缺口巨大。

客运管理是城市轨道交通运营管理的重点工作之一，本书结合北京、广州等城市的城市轨道交通客运管理经验，以项目教学的形式，从城市轨道交通客运组织管理基础、城市轨道交通车站、车站客运服务设备和客运服务系统、票务作业、客运组织、客运服务、客运安全管理等方面对城市轨道交通客运管理中必须掌握的知识和技能进行介绍。全书共设7个教学项目，各项目的内容如下。

（1）项目1"城市轨道交通客运组织管理基础"。本项目中，首先介绍城市轨道交通客运组织的定义及客运组织工作的特点、宗旨和工作原则，然后介绍城市轨道交通的客运组织管理机构和相关岗位的工作职责。

（2）项目2"城市轨道交通车站"。本项目中，首先介绍城市轨道交通客运车站的定义、分类，然后介绍车站的组成及各部分在客运工作中的作用，最后介绍换乘站。

（3）项目3"车站客运设备与客运服务系统"。本项目中，首先介绍车站客运设备，包括电梯系统、屏蔽门系统及自动售检票系统；然后介绍客运服务系统，包括导向标识系统、广播系统、闭路电视监控系统、乘客信息系统、环控系统、给排水系统、照明与低压配电系统。

（4）项目4"城市轨道交通票务作业"。本项目中，首先介绍城市轨道交通系统的车票，然后介绍车站的票务作业流程和票务作业程序，最后介绍特殊情况下的票务作业。

（5）项目5"城市轨道交通客运组织"。本项目中，首先介绍城市轨道交通车站的日常运作，然后介绍客流及其对客运的影响、车站在正常情况下的客运组织，最后介绍大客流客运组织和突发事件下的客运组织方法。

（6）项目6"城市轨道交通客运服务"。本项目中，首先介绍城市轨道交通客运服务基本知识，然后介绍城市轨道交通客运服务规范、各个服务环节的客运服务内容、服务规范及服务要点，最后介绍城市轨道交通客运服务质量控制。

（7）项目7"城市轨道交通客运安全管理"。本项目中，首先介绍城市轨道交通的常用安检设备及其用法，然后介绍车站和列车上的应急设备、用法及使用时机，最后介绍突发事件下和自然灾害中的城市轨道交通应急处理。

本书在编写过程中得到了北京地铁、广州地铁的多位专家的大力帮助，并参考了多位专家、学者的科研成果和论著，在此表示衷心感谢。

由于编者水平有限，书中不足之处在所难免，恳请读者批评指正。

编者

2019 年 1 月

目　　录

项目1

城市轨道交通客运组织管理基础

项目导学

本项目中，首先介绍城市轨道交通客运组织的定义及客运组织工作的特点、宗旨和工作原则，然后介绍城市轨道交通的客运组织管理机构和相关工作岗位。

教学目标

(1) 了解城市轨道交通客运组织的定义。
(2) 熟悉城市轨道交通客运组织管理机构设置。
(3) 掌握城市轨道交通客运组织工作的基本特点及工作原则。

建议学时

6学时。

任务 1.1　城市轨道交通客运系统

定义：城市轨道交通系统是指以轨道运输方式为主要技术特征，具有城市公共交通中等以上运量、专门为城市内公共客运服务的轨道交通系统。

从定义可以看出，城市轨道交通是一种城市公共交通系统，它的主要特点是利用轨道列车进行人员运输。因为城市轨道交通具有运量大、速度快、安全、准点、节能等优点，目前正逐渐成为我国大中城市解决交通拥堵问题的公共交通系统的首选方案。

城市轨道交通的主要任务是在城市中进行人员运输，因此城市轨道交通系统是典型的客运系统。为完成运输任务，需要有相应的硬件设备和客运服务组织机构，城市轨道交通系统的硬件设备主要包括车站、车辆、线路，客运服务组织机构主要包括车站和控制中心，如图 1-1 所示。

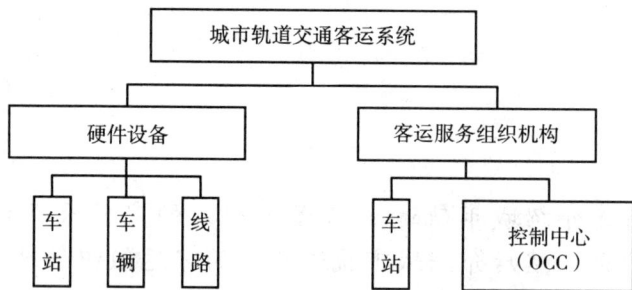

图 1-1　城市轨道交通客运系统的组成

任务 1.2　城市轨道交通客运系统的硬件设备

城市轨道交通客运系统的硬件设备主要包括车辆、车站、轨道等。

1. 车辆

在城市轨道交通客运系统中，车辆用于装载乘客，是直接为乘客提供服务的设备。因此，车辆是城市轨道交通客运系统最重要的组成部分之一，如图 1-2 所示。

图 1 - 2　城市轨道交通车辆

车辆一般按有无动力分为动车和拖车两类，动车是指自身带动力驱动的机车，拖车是指自身不带动力驱动的机车。为提高效率，现代城市轨道交通车辆大多按动车组（单元）设计，在一个动车组内，动车、拖车与驾驶室连接成一个有机的整体，不能随意拆卸。

小贴士

车辆技术性能的好坏直接关系到整个城市轨道交通系统的运营质量，对长期运营的技术先进性和经济合理性起着关键的作用。

2. 车站

车站是乘客出行的基地，乘客需要通过车站上下车，因而也是乘客集散的场所，是城市轨道交通运营企业与乘客接触最为密切的窗口。同时，车站也是列车到发、通过、折返、临时停车的地点，城市轨道交通的主要客运组织工作都在车站进行。图 1 - 3 所示为城市轨道交通车站。

图 1 - 3　城市轨道交通车站

车站不仅是乘客乘车的场所，而且还具有购物、集聚及作为城市景观等一系列功能，所以车站的选址、布置和规模等因素，不仅影响运营效益，而且关系到城市的运转。城市轨道交通车站一般应设置在客流量大的集散点及与其他线路交汇的地方，车站间距要根据实际需要确定。一般地，市区车站间距应在 1 km 左右，郊区不宜大于 2 km。

3. 线路

线路是把一个个车站由点连接成线的行车基础设施，是城市轨道交通客运系统的基本组成部分。城市轨道交通线路按其在运营中的作用不同，分为正线、辅助线和车场线三种。

① 正线是指供载客列车运行的线路，一般按全封闭式双线设计，在与其他交通线路相交处一般采用立体交叉。

② 辅助线是指为空载列车或故障列车提供折返、停放、检查、转线及出入段作业所需的线路，包括折返线、临时停车线、渡线、车辆段出入线、联络线等。

③ 车场线是指在车辆段内为列车提供停放、检查、检修、试车等作业所需的线路，如图 1-4 所示。

图 1-4　车场线

任务 1.3　城市轨道交通的客运服务组织机构

客运组织工作是城市轨道交通运营生产的重要组成部分，客运服务质量直接反映城市轨道交通运营管理水平。因此，客运组织工作必须实行"统一领导，分级管理"的原则。

城市轨道交通的客运组织管理工作分为一级、二级两个指挥层次，一级指挥为控制中心（operation control center，OCC），二级指挥为车站。原则上，各级指挥要根据各自的职责独立开展工作，二级指挥要服从一级指挥。

子任务 1.3.1　控制中心

控制中心是城市轨道交通系统的核心，负责全线路的调度指挥工作、客运组织工作及设施保障工作。城市轨道交通的所有工作都必须以控制中心的组织计划、组织命令为依据，各个部门协调运作，保证列车安全、正点运行。

各城市轨道交通运营企业可根据自己的具体情况及管理模式设置不同的调度岗位，但在控制中心，一般都设置有值班调度主任、行车调度员、环控调度员、电力调度员等调度工种，如图 1-5 所示。

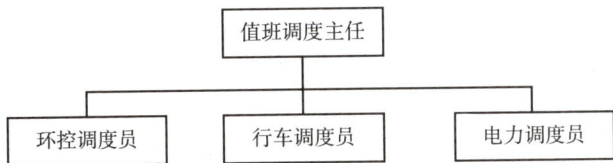

图 1-5　控制中心的人员结构

1. 值班调度主任

值班调度主任是调度班组工作的领导者，负责统一指挥协调各种调度工种及车站、车辆段等相关人员的工作，并组织处理运营中出现的各种故障和事故。

2. 行车调度员

行车调度员是一个调度区段行车工作的指挥者，负责监控列车的运行状况，及时掌握列车运行、到发情况，发布调度命令，检查各车站、车辆段执行和完成行车计划情况，并且在列车晚点或发生事故时，组织和指挥车站工作人员、列车乘务员及相关的各个部门及时采取相应措施，尽快恢复列车运行，减少运营损失。

3. 环控调度员

环控调度员主要监控通风、空调、给排水等与环境相关的设备，及时调节管辖区段内的温度、湿度、空气流动速度、含尘量等参数，保证环境质量，满足乘客的出行需要。

4. 电力调度员

电力调度员主要监控变电所、接触网等与供电相关的设备，及时采集各种数据，保证各个车站、列车供电的可靠性与安全性。

> **小贴士**
>
> 控制中心（OCC）是城市轨道交通运输组织的指挥中枢机构，城市轨道交通系统由 OCC 统一指挥。

子任务 1.3.2　车站

车站是城市轨道交通系统的二级指挥机构，其客运管理的核心任务是安全、迅速、方便地组织客流集散，并做好行车组织工作。

1. 车站管理模式

车站有两种管理模式，一种是以车站为基本管理单位的管理模式，另一种是中心站管理模式。

以车站为基本管理单位的管理模式，是点、线结合的单线管理模式，其主要特点是按线别统一成立一个车站管理部门，以车站为基本单位进行管理，由车站管理部门统一对各车站提供技术和业务支持，其组织结构如图 1-6 所示。

中心站管理模式是根据车站客流量和技术设置的不同，在一条线路上选取几个车站作为中心站，邻近的 4～5 个车站作为卫星站，由中心站统一对卫星站提供技术和业务支持。在这种管理模式下，以中心站及其卫星站构成的区段作为车站基本管理单元，其结构如图 1-7 所示。

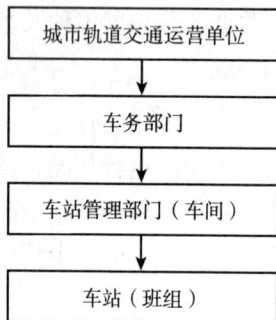

图 1-6　以车站为基本管理单位的管理模式　　　　图 1-7　中心站管理模式

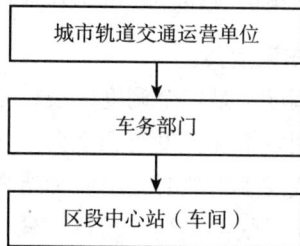

小贴士

中心站的设置，加强了现场业务的指导力度，在处理突发事件时效率更高，因此更适合点、线、面结合的网络化管理。

2. 车站的主要客运管理人员

一般来说，普通车站的客运管理工作主要由值班站长负责，与客运有关的人员主要包括值班站长、客运值班员、行车值班员、站务员等。中心站除了具有普通站的人员配置之外，还设有中心站正副站长、站长助理一职。

在正常情况下，各中心站管理实行层级负责制，由上至下顺序依次为：中心站站长、中心站副站长、站长助理、值班站长、值班员、站务员，如图 1-8 所示。车站日常生产组织实行层级负责制。

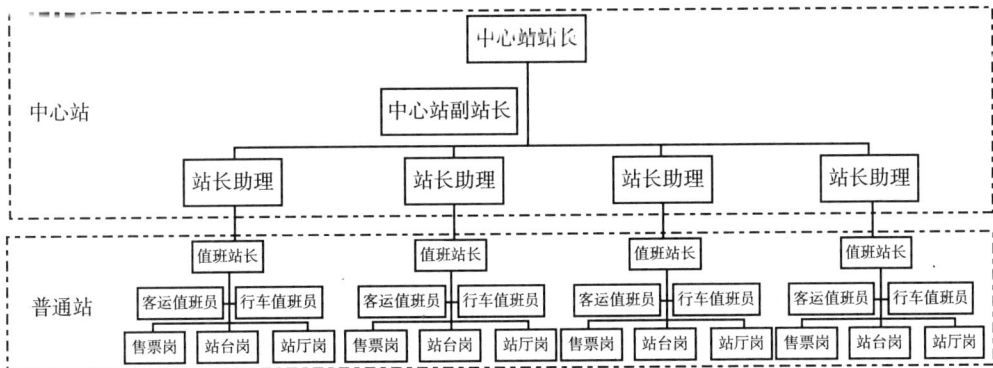

图 1-8 车站的客运人员结构

> ### 小贴士
>
> 列车是运送乘客的工具，客车驾驶也是与客运工作紧密相关的一个工种，客车司机负责列车的运行工作，他需要依据列车运行计划，按行车调度员的命令完成列车驾驶任务，并使列车在各车站完成乘客乘降作业。在发生行车事故等紧急情况时，客车司机根据行车调度员的命令，协助进行乘客疏散、引导等工作。

1）中心站站长

中心站站长代表运营总部在车站行使属地管理权，领导辖区各站员工开展车站的全面工作，为乘客提供优质服务。

中心站站长的工作主要包括两方面：一是员工管理，要确保所管辖区段内车站工作的安排、指导、检查、监督、评价和考核工作能适当及公平公正地执行，减少内部冲突，保持车站团队的伙伴合作精神，营造积极向上的良好工作气氛。二是车站工作指导，具体职责如下：

① 正常情况下，负责指导并加强车站系统的安全作业，确保各车站工作人员提供高品质的客运服务；

② 在发生故障或事故时，指导车站人员根据相关规则及程序协助处理故障或事故，并做好恢复、善后及预防工作，保证及时、安全、高效地处理突发事故，恢复客运服务；

③ 对外与公安部门、政府应急抢险部门及其他公交机构保持沟通合作，以便在发生重大交通故障或事故时能及时处理。

2）中心站副站长

中心站副站长主要职责如下：

① 协助中心站站长开展车站的管理工作，必要时履行中心站站长职责；

② 根据上级工作计划，合理安排人力资源，落实并跟进各项计划；

③ 定期进行安全宣传、安全教育和安全检查；

④ 针对员工业务水平，组织对员工进行业务培训，定期对培训方式和培训效果进行检查；

⑤ 对公司规章的贯彻执行负责，并根据实际情况的变化，参与修改相关规章，及时组织员工学习和贯彻修改后的新规章；

⑥ 对员工进行职业道德和服务标准教育，引导员工向乘客提供优质服务；

⑦ 指导、审核、检查车站值班站长的工作落实情况，并提出整改要求；

⑧ 负责对下属进行必要的专业知识与技能的培训、指导；

⑨ 负责辖区各站班表的制定，负责收集运营的原始数据；

⑩ 完成上级布置的其他工作。

3）中心站站长助理

中心站站长助理的主要职责如下：

① 协助中心站站长开展车站的行政、班组管理工作；

② 协助中心站站长进行文件处理、信息处理，参加中心站交接班会，了解并记录各车站上日运营信息、存在的问题及困难，记录中心站站长对各站工作布置及要求，了解中心站的工作重点，会后整理交接班会内容下发各站，并跟进执行情况；

③ 协助中心站站长按标准化班组要求开展班组建设，完成班组管理制度上墙等方面的工作；

④ 协助中心站站长开展培训工作，对中心站月度培训进行具体安排，跟踪日常培训完成情况，各项培训台账、记录填写，协助中心站站长对培训效果进行分析；

⑤ 协助中心站站长开展共青团、工会工作；

⑥ 负责中心站人员档案管理，定期对人员档案进行更新、上报，对各类上报资料进行审核；

⑦ 负责中心站文档管理，检查中心站文档管理、更新情况；

⑧ 负责中心站计生管理，对员工的计生资料进行更新、统计、上报等；

⑨ 负责中心站宣传工作，包括收集并整理宣传稿件、板报等；

⑩ 负责中心站日常数据的收集、统计、汇总工作。

🔔 小贴士

普通站往往不设站长一职，由中心站站长助理担任，级别在值班站长之上。

4）值班站长

我国的大多数城市轨道交通系统的车站管理模式采用值班站长负责制。值班站长（见图1-9）的职责主要是：服从中心站站长的领导，组织本班员工开展工作，对本班车站运营全面负责。具体来说，其工作内容主要有两项：一是监督并管理车站内的所有活动，二是员工管理。

（1）站内活动的监督与管理

在监督并管理车站内活动方面，值班站长主要负责当班期间车站的行车安全、客运服务、票务、环境清洁、事件处理、人员管理等工作，带领各岗位工作人员按照岗位职责和工作流程开展工作，具体包括：

① 全面管理本车站的客运服务工作，对本班站务人员进行管理，对值班员、站务员的工作进行指导、监督，同时负责对保洁、护卫、商铺人员、施工人员、安检人员等驻站人员进行属地管理，每隔固定的时间段要对车站进行全面巡视，发现问题立即汇报并组织整改，确

图1-9　值班站长

保站务人员能按要求提供安全、可靠及高效率的客运服务；

② 当车站发生异常情况或突发事件时，值班站长负责牵头处置，及时启动预案，控制局面，减少和避免人员伤亡及财产损失，尽快恢复运营；

③ 当车站的设施、设备发生故障或出现突发情况时，应采取有效措施，保证车站的正常使用，并将故障情况通知有关单位；

④ 随时保持与站务人员、控制中心行车调度员、中心站站长等联络畅通，掌握客运行车和相关设备的情况。

（2）员工管理

在员工管理方面，值班站长的主要工作包括：协助制订站务人员的排班表，确保站务工作的安排、指导、检查、监督、评价和考核工作能公平、公正地执行，减少内部冲突，营造团队合作精神。

知识链接

值班站长的工作程序

1. 运营时间

（1）安排开站，配票给早班票务员上岗，与晚班票务员结账。

（2）巡视出入口及车站卫生、设备运作情况，并更换上班员工相片。

（3）检查 AFC 设备状态。

（4）检查车控室行车备品柜备品情况；检查台账、施工登记表，做好交接班准备。

（5）与上一班值班站长进行交接，确保掌握上一班情况。

（6）交接完毕后，巡视各岗位作业情况，布置早班工作。巡视各出入口、站厅、站台情况，做好记录。

（7）填写台账，阅读近几天文件及会议精神。

（8）巡视各岗位作业情况、各出入口情况，并填写相关台账。

（9）组织召开交接班会，向下一班员工布置工作。配票给下一班票务员上岗，与早班票务员结账。

（10）处理落实新文件的工作。

（11）填写相关台账及巡站记录，检查车控室行车备品柜备品，做好交接班准备。

（12）若值晚班，要掌握晚上有关施工作业情况，做好施工布置工作。

（13）填写台账，阅前班交班内容、文件及会议精神。根据当天最新文件，交代工作安排，布置相关工作。

（14）巡视各岗位作业情况、各出入口情况，填写相关台账，配票给晚班票务员上岗，与中班票务员结账。

2. 非运营时间

（1）定时巡视车站出入口关闭情况。

（2）检查当天的执法证、执法文书等相关记录是否填写完整。

（3）检查保洁卫生完成情况。

（4）登记当天全站员工的工时。

（5）完成晚上施工作业办理，监督施工人员线路出清工作。

（6）负责《运营日况》的填写。

（7）负责当天票务报表打印工作。

（8）做好运营前的行车准备工作检查：

① 运营前30 min检查线路出清情况，及时报告行车调度员；

② 首班载客列车到达前20 min确认车站照明和AFC设备开启情况；

③ 首班载客列车到达前10 min确认车站全部出入口已开启。

（9）巡视开站情况及早班员工上岗情况。

3. 交接事项

（1）检查并清点钥匙、行车备品、对讲设备，以及执法证、文书、票据等备品。

（2）认真检查《当班情况登记表》。

（3）检查《钥匙借出登记本》《施工登记本》《车站巡视检查本》《每日消防、综治安全巡查本》《调度命令本》《行车日志》《设施故障登记表》等台账并做好交接。

（4）检查文件、通知，核实交班值班站长完成或未完成的工作，在接班中模糊、有疑点的问题要问清楚。

（5）完成交接后接班人要在《当班情况登记本》上签名，签名后如出现因交接不清的问题时由接班值班站长负责。

5）客运值班员

客运值班员通常负责运营时间内各种票务、客运问题的处理，其主要职责是参与并组织车站的票务营收工作，按时对车站内的票务设备设施进行检查、报修，及时处理自动售票机卡币、卡票等应急情况，确保票务工作有序开展。图1-10所示是客运值班员。

图1-10 客运值班员

根据运行时间的需要，通常设置早班客运值班员和晚班客运值班员。二者的工作重点都是客运问题处理，二者的差别在于票务处理方面的工作重点不同。

早班客运值班员负责为各班票务员配备车票、备用金，为自动售票机配备车票和硬币等，为运营时间内票务、现金的安全管理负责，并负责检查当班票务员的工作，负责本班票务、现金的结算工作和相关台账的填写工作。

晚班客运值班员主要负责票款、现金的收集和统计工作，需要填写各类统计报表和相关台账；还需要负责在运营前为自动售票设备补票、补币。

客运值班员交接班时，主要交接事项如下：

① 检查票务备品及票务钥匙情况；

② 检查台账填写情况；

③ 检查票款、备用金及库存车票情况；

④ 翻阅新票务通知，掌握本班工作重点；

⑤ 检查卫生情况。

> **小贴士**
>
> 客运值班员最重要的工作就是确保车站每天票务工作的正常运行，因此客运值班员必须全面了解车站所有车票、票款、台账及 AFC 设备状态。客运值班员的工作从为票务员配票开始，以票款封包解行结束。

📖 **知识链接**

客运值班员的工作程序

1. 早班值班员工作程序

（1）签到，与夜班值班员交接，了解当天运营信息和学习有关通知内容。

（2）检查所有钥匙及行车备品柜内物品、车控室内设备，填写相关交接台账，详细阅读《当班情况登记本》，包括上一班工作情况、相关重要文件、通知及本班须完成工作。

（3）车站运营期间的工作范围：

① 协助值班站长处理车站基础工作并填写相关台账；

② 处理车站其他相关业务；

③ 定期查看 FAS 等设备运行状态及 SC 客流情况（或主控系统）。

（4）负责车站的顶岗工作。

（5）参加交接班会议。

（6）做好交接班准备工作。

2. 晚班值班员工作程序

（1）上岗前签到，了解当天运营信息和学习有关通知内容。

（2）带齐工作备品，开展本站区域巡视工作，填写巡视台账。

（3）协助值班站长组织末班车客运服务工作。

（4）配合值班站长开展施工作业的管理工作。

6）站务员

站务员一般只在运营时间内设置。根据工作内容的不同，站务员分为站厅岗（厅巡员）、站台岗（安全员）和售票岗（客服中心岗）。

（1）站厅岗

设置站厅岗主要是为了满足运营时间站厅范围内乘客的服务需要。站厅岗的站务员称为厅巡员，如图 1-11 所示。

图 1-11 厅巡员

厅巡员的主要职责如下：

① 解答乘客的问询，给予乘客正确的指引；

② 指引乘客到自动售票设备处进行购票；

③ 引导乘客正确操作票务设备；

④ 检查站厅设备状态，发现问题及时报车站控制室；

⑤ 负责站厅、出入口的客流组织工作，防止乘客过分拥挤，必要时向值班站长汇报，并采取必要的限流措施；

⑥ 留意地面卫生，发现积水、垃圾、杂物等应及时通知保洁人员处理，同时设置警示牌，防止乘客摔倒；

⑦ 站厅、出入口发生治安安全事件时，应及时赶到，保护现场，寻找两名及以上目击证人；

⑧ 巡视车站出入口，发现乘客携带超长、超大、超重物品时，应禁止其进站，并做好相应的解释工作；发现精神不正常的乘客应该禁止其进站乘车，及时向车站控制室报告，必要时请求警务人员或同事协助，保护自身安全。

（2）站台岗

设置站台岗主要是为了保证站台的作业安全，发生紧急事件时及时进行处理。站台岗的站务员称为安全员，如图1-12所示。

图1-12 安全员

在运营时间内，安全员必须时刻在岗，主要负责站台的安全巡视、接发列车和乘客服务工作，具体如下：

① 按照规定巡视、立岗，对候车秩序、站台安全负责，确保屏蔽门及以内区域的安全；

② 监视列车运行状态、候车乘客动态，负责确认屏蔽门关闭情况，重点监控列车的车门及屏蔽门开关情况，发现异常情况及时处理；

③ 终到站的站台岗负责列车折返时的清客工作；

④ 制止并处理乘客违反《城市轨道交通管理条例》的行为；

⑤ 与行车值班员做好站车联控，在车门出现故障时，协助行车值班员进行处理；

⑥ 在屏蔽门出现故障时，按"先通后复"的原则进行处理，若故障无法修复，应及时张贴故障纸；

⑦ 当站台发生物品掉落轨道事故时，立即做好乘客引导和安抚工作，按规定将物品拾回；

⑧ 发现车门/屏蔽门关门时夹人夹物，立即按压"紧急停车"按钮，同时呼叫行车值班员，协助行车值班员进行处理；

⑨ 当站台发生客伤事故时，立即报值班站长，做好乘客的安抚工作，并向乘客了解受伤的经过，寻找两名及以上的目击证人；

⑩ 当收到有关列车需在本站清客的通知时，立即进行清客，引导车上的乘客到站台，维持站台乘客候车秩序，并做好乘客的解释工作，清客完毕后报值班站长；

⑪ 当收到列车晚点通知时，维持站台秩序，安抚候车乘客，按照信息发布流程进行信息发布；如果晚点时间达到了劝说乘客改乘其他交通工具的条件，劝乘客改乘其他交通工具，对站外地面公交等做好指引；在列车进站后负责正常的接发列车工作。

> **小贴士**
>
> 在安装屏蔽门的车站里，站台岗的职责通常由站厅岗兼任。

（3）售票岗

设置售票岗是为了保证运营时间内正常的票务服务工作，满足乘客兑零、购票和其他票务事务的服务需要。售票岗的站务员称作票务员，如图 1 - 13 所示。

图 1 - 13　票务员

票务员的主要职责如下：

① 售票，票卡充值；

② 帮助乘客兑换零钱；

③ 处理乘客投诉和乘客问询工作；

④ 帮助乘客换取福利票；

⑤ 处理坏票、无效票、补票、自动售票机补票和补币工作，保证票款的正确和安全。

⑥ 协助车站开展票务应急处理工作。

小贴士

在自动售检票设备比较完备的车站，正常情况下人工售票工作基本取消，主要的售票方式为自动售票机自动售票，此时主要由厅巡员负责做好乘客自动售票机的购票指导工作。

知识链接

票务员的工作程序

1. 上岗前的准备工作

按车站规定的时间到达岗位，到票务室了解当天工作注意事项和有关重要通知内容后领票，做好上岗前的准备工作。

2. 开窗售票

(1) 保持票务室的整洁，票证、报表、钱袋摆放整齐。

(2) 当报表、硬币、车票、发票数量不够时，提前向值班站长报告，做好准备工作。

(3) 进出票务室要锁好门，不能随意让非当班人员进入。票务室有当值人员时，除当班票务工作人员、站长、车务中心票务管理人员外，其他人员必须得到当班值班站长或以上级别人员的许可后可进入。

(4) 严格按售票作业程序进行售票工作。

(5) 顶岗吃饭时必须按规定进行交接；及时登录、退出BOM；锁闭加封好票盒才可离开票务室。

(6) 售票结束时，与接班票务员进行票务备品、票务钥匙、对讲设备、卫生的交接，交接完毕，将本班的报表、车票、所有现金收拾好准备结账。

(7) 按结账程序进行结账后，听从值班站长安排，协助完成其他工作。

(8) 参加车站的交接班会议后按规定时间签走。

3. 晚班票务员末班车服务及后续工作

① 最后一趟载客列车到站前5 min，停止对该方向乘客的兑零售票工作。

② 主动做好乘客服务工作，防止乘客购买已停止服务方向的车票，提醒进闸乘车

的乘客。

③ 对于准备进站乘车的乘客要做好相关解释工作。

④ 列车服务结束，确认全部乘客已出站后退出 BOM，摆好"暂停服务"牌，并搞好票务室卫生，整理好票务室内务。将所有的车票、现金整理好，准备结账。

⑤ 按结账程序进行结账。

4. 交接程序

1）交班

① 退出 BOM；

② 将抽屉里的钱和车票整理放入票盒；

③ 将硬币清理好装回硬币袋；

④ 将本班验钞机关掉并拿走；

⑤ 拿走本班的钱袋；

⑥ 填写《备品交接班本》；

⑦ 进行结账。

2）接班

① 登录 BOM；

② 摆放好车票：

③ 叠放好一盘硬币，将备用金放入抽屉；

④ 将本班验钞机投入使用。

子任务 1.3.3　车站的管理权限

除了子任务 1.3.2 介绍的车站各岗位人员的工作职责外，在车站的管辖范围内车站各级人员均享有以下管理权限：

① 对车站的保洁、施工人员等站内工作人员进行管理；

② 对商业资源根据企业的相关管理规定进行管理；

③ 对进入车站的乘客按所在城市的《城市轨道交通管理条例》和《城市轨道交通运营管理办法》进行管理；

④ 在紧急情况下，中心站站长、副站长、站长助理、值班站长可调动车站保洁、驻站维修人员及车站范围内的外部工作人员，参与车站紧急情况下的应急处理。

车站的地域管辖范围如下：

① 有独立出入口的车站内部、出入口外 5 m 范围内；

② 没有独立出入口的合建车站，需根据相关的管理协议指定管理范围。

任务 1.4　认识城市轨道交通客运组织工作

子任务 1.4.1　城市轨道交通客运组织的概念

定义：城市轨道交通客运组织是指通过合理布置客运有关设备、设施，对客流采取有效的分流或引导措施来组织客流运送的过程。

从定义可以看出，城市轨道交通的客运组织工作，管理对象主要分为以下两类：

① 设备设施，即合理布置与客运有关的设备设施；

② 客流，即对客流采取有效的分流或引导措施。

在对以上两类对象进行有效管理的基础上，实现"乘客运送"这一客运任务，三者之间的关系如图 1 – 14 所示。

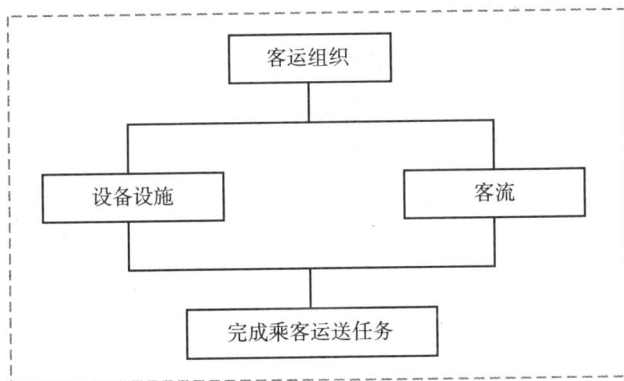

图 1 – 14　客运组织三要素

总的来讲，城市轨道交通客运管理系统由硬件管理系统和软件管理系统两部分组成。硬件管理系统是指对列车、轨道、车站、电梯、屏蔽门、自动售检票设备等客运设备设施进行管理的系统；软件管理系统是指对客流进行引导或分流的管理系统，包括售检票、站厅巡视、客运服务、客流引导等。

子任务 1.4.2　城市轨道交通客运组织工作的宗旨

1. 安全

城市轨道交通运营企业制定有各项安全制度，并采用先进的安全控制系统，对所有设备定期检查，使其处于良好状态。

2. 准确

运营生产部门相互配合，严格按列车运行图组织工作，确保列车按运行图规定的时间运行。

3. 高效

提高列车运行速度，缩短列车行车间隔，减少设备故障，确保乘客快速到达目的地。

4. 服务

服务设备设施工作状态良好，客运服务人员严格遵守职业道德，礼貌待客，耐心正确地解答乘客询问，主动热情地为乘客服务。

子任务 1.4.3　城市轨道交通客运组织管理的工作原则

城市轨道交通既要质量良好地完成客运任务，又要经济合理地使用列车和其他设备。所以，城市轨道交通运营企业必须在生产实践和科学管理的基础上，确定正确的客运管理工作原则。客运管理工作原则具体如下。

1. 保证乘客及列车运行的安全

城市轨道交通列车运行密度大、速度快，每一辆列车都载有乘客几百人，所以保证乘客安全、行车安全是十分重要的。在实际工作中，要切实遵守各项安全制度，维护运输秩序，所有客运设备要定期检查、维修，以保证乘客的安全。

2. 编制客运计划，组织均衡运输

有计划地组织乘客运输，是经济合理地使用列车和其他设备、保证安全正点地完成客运任务的重要措施。因此，必须在客流调查的基础上进行全面规划，分清主次及轻重缓急，正确地编制客运计划，组织均衡运输。

3. 提高列车运行速度

加强运输组织工作，提高列车运行速度，是缩短乘客乘车时间、有效地加速车辆周转、提高运输能力、降低运输成本的重要手段。所以，提高列车运行速度，既是提高客运服务质量的需要，也是增强企业盈利能力的需要。

4. 与各种城市交通工具联合运输

城市轨道交通是城市交通体系的有机组成部分。城市交通体系是指为满足城市居民出行需要而提供的全部出行方式和途径，包括公共交通和非公共交通两部分。公共交通除城市轨道交通外还包括公共汽车、有轨电车、快速公交 BRT、班车、出租车等，非公共交通包括步行、自行车、三轮车、摩托车、私家小汽车等。在城市客运大背景下，城市轨道交通需要与其他各种城市交通方式有效联合，分工合作，有计划地实行联合运输，为市民出行提供便捷服务。

5. 提高服务质量

城市轨道交通是服务性的生产企业，客运人员要树立全心全意为乘客服务的理念，

不断改进服务态度，提高服务质量，最大限度地满足乘客的合理需要。在实际工作中，不仅要维持良好的乘车秩序，主动热情、文明礼貌地为乘客提供服务，还要保证车站、列车清洁。

思考与实训1

思考题

（1）城市轨道交通客运组织工作的根本目的是什么？

（2）为高质量完成客运工作，需要对哪两个要素进行有效管理？

（3）简述城市轨道交通的两大车站管理模式。

（4）为什么站长助理比值班站长的职位高？

（5）简述城市轨道交通客运组织管理的基本要求。

（6）简述城市轨道交通客运组织管理的五大工作原则。

（7）值班站长的工作职责是什么？

（8）客运值班员的工作职责是什么？

（9）站务员分几种？简述各岗位的工作重点。

项目 2

城市轨道交通车站

📖 **项目导学**

本项目中，首先介绍城市轨道交通车站的定义、分类，然后介绍车站的组成及各部分在客运工作中的作用，最后介绍换乘站。

📖 **教学目标**

（1）了解城市轨道交通车站在客运组织中的作用。
（2）熟悉各类城市轨道交通车站的布局及其客运特点。
（3）掌握城市轨道交通车站的组成及各组成部分在客运中的作用。

📖 **建议学时**

10 学时。

任务 2.1　车站的定义及作用

定义：车站是城市轨道交通的线路上供列车到发、通过及乘客正常乘降的分界点，是供乘客乘降列车的处所，大量的行车、客运设备均设在车站。

从城市轨道交通车站的定义可以看出，城市轨道交通车站具有以下作用：

① 车站是城市轨道交通开展工作的基层单位；

② 车站是乘客乘降列车的场所；

③ 车站是列车到发、通过的场所；

④ 车站拥有大量的行车、客运设备；

⑤ 车站是办理客运作业的场所；

⑥ 车站是办理列车到发及调车作业的场所。

任务 2.2　车站的分类

城市轨道交通车站按其所处位置、埋深、运营功能、站台形式、车站规模、是否具有站控功能和换乘方式的不同可进行不同的分类。

子任务 2.2.1　按车站与地面的位置关系分类

按车站与地面的位置关系分类，车站可分为高架车站、地面车站、地下车站。

1. 高架车站

高架车站的建筑主体和客运设备均设置在立体高架线路上。乘客进入车站前，必须借助电扶梯、步行梯等设施等登高到车站高度；乘客离开车站后，必须借助电扶梯、步行梯等客运设施下降到地面。图 2 - 1 （a）所示为高架车站的空间位置关系示意图，图 2 - 1 （b）所示为武汉地铁古田一路站的高架车站。该车站位于解放大道与古田一路的交叉口，顺解放大道布置，车站为高架三层岛式站台，地面为解放大道主干道，上两层为车站站厅房屋。

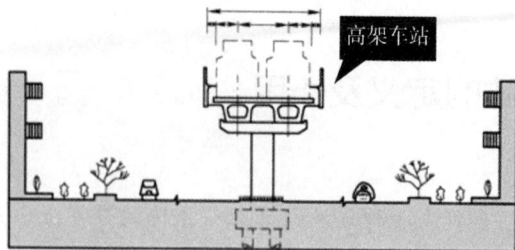

(a) 空间位置关系示意图　　　　　　　　　（b）武汉地铁古田一路站

图 2-1　高架车站

2. 地面车站

地面车站是车站主体建筑和设备设施均设置在地面线路上的车站。该车站的优点是乘客进出车站不需要垂直方向上的位移，比较便利，但缺点是占地较多，影响城市道路交通，所以在大都市中很少把城市轨道交通车站设置为地面车站。

图 2-2（a）所示为地面车站的空间位置关系示意图，图 2-2（b）所示为长春轻轨湖光路站的车站照片。

(a) 地面车站的空间位置关系示意图　　　　　（b）长春轻轨湖光路站

图 2-2　地面车站

3. 地下车站

地下车站是车站主体建筑和设备设施设置于地下线路上的车站。乘客进站乘车前，必须借助电扶梯、楼梯等设施等下降到车站站厅；乘客下车后，必须借助电扶梯、步行梯等客运设施上升到地面。虽然地下车站出入口的升降设施增加了客运组织工作的难度，但由于地下车站占用地面空间少，对周边环境影响小，因而在中心城区的城市轨道交通中广泛采用。

图 2-3（a）所示为地下车站的空间位置关系示意图，图 2-3（b）所示为哈尔滨地铁工程大学站出入口的现场照片。

（a）地下车站的空间位置关系示意图　　　（b）哈尔滨地铁工程大学站出入口

图 2 - 3　地下车站

按地下车站的埋设深度分，地下车站又可以分为以下 3 类。

① 浅埋车站：轨顶至地表距离小于 15 m。

③ 中埋车站：轨顶至地表距离为 15~25 m。

④ 深埋车站：轨顶至地表距离大于 25 m。

子任务 2.2.2　按站台形式分类

站台主要是供列车停靠、乘客候车及乘降车的区域。按站台与轨道线路的位置关系，站台可分为岛式站台、侧式站台和混合式站台。

1. 岛式站台车站

此类车站的站台位于上、下行行车线路之间，候车区域在站台的中央，双向行车轨道在站台的两侧，乘客可在候车区选择不同方向的列车。其示意图如图 2 - 4 所示。

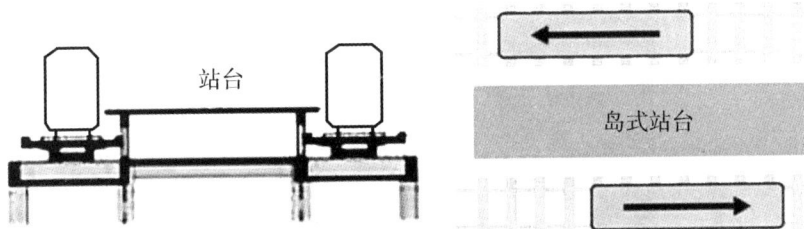

图 2 - 4　岛式站台示意图

岛式站台是常见的一种站台形式，具有站台面积利用率高、能调剂客流、乘客中途改变乘车方向方便、站台空间宽畅等优点，而且与站台相关的设备如电动扶梯只需要购置一台，可节约投资，降低运营成本，因此常用于客流量较大的车站。图 2 - 5 所示是岛式站台车站现场照片。岛式站台的缺点是站台面积有限，不易扩建。

图 2 - 5　岛式站台车站现场图片

2. 侧式站台车站

此类车站的站台位于上、下行行车线路的两侧，列车行驶轨道在中间，不同方向的候车站台分列轨道两侧，每个候车区对应一个乘车方向。其示意图如图 2 - 6 所示。

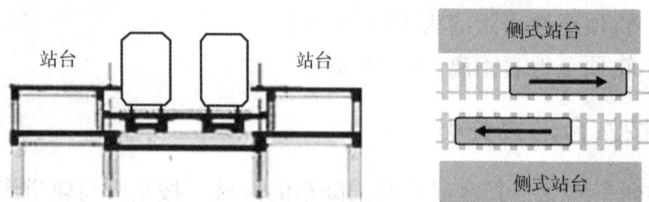

图 2 - 6　侧式站台示意图

侧式站台的优点是上、下行乘客可避免相互干扰，缺点是乘客进入站台层之前，需要选择正确的候车区，中途改变方向须经过地道或天桥，客流不可调剂，站台面积利用率低，站台不够开阔。图 2 - 7 所示为侧式站台车站现场照片。

图 2 - 7　侧式站台车站现场图片

3. 混合式站台车站

将岛式站台及侧式站台设在同一个车站内的车站称为混合式站台车站。这类车站通常位于有两条以上线路通过的大型车站，混合式站台可布置成一岛一侧式或一岛两侧式。图 2 - 8 （a）所示为一岛一侧式，图 2 - 8（b）所示为一岛两侧式。

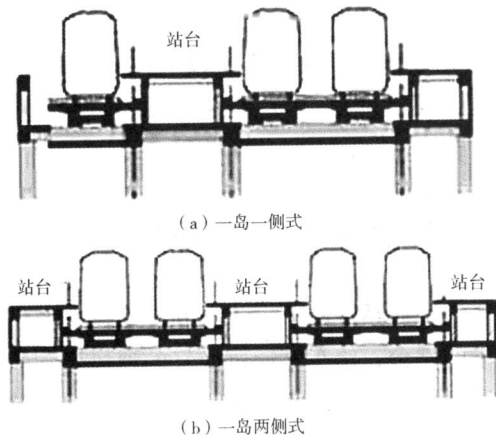

（a）一岛一侧式

（b）一岛两侧式

图 2-8　混合式站台示意图

子任务 2.2.3　按车站运营功能分类

按运营功能分，车站可分为终点站、中间站、换乘站、折返站。

（1）终点站

终点站是线路端头站，除了供乘客上、下车外，还用于列车折返、停留和临时检修。终点站一般设有停车线。

（2）中间站

中间站是城市轨道交通系统中最普通的一种车站，仅供乘客上、下车之用，功能比较单一。大多数城市轨道交通车站属于中间站。

（3）折返站

折返站是供列车折返的车站。城市轨道交通一般将终点站作为折返站使用，也有在线路中间客流密度相差大的中间站供列车折返的，此类中间站一般都设有折返线、渡线和存车线。

（4）换乘站

换乘站通常指位于两条或两条以上城市轨道交通线路交叉点上的车站。换乘站除了具备中间站的功能外，最显著的特点是乘客可以从一条线路通过换乘通道换乘另一条线路。

> **注意：**
>
> 　关于换乘站的详细介绍，参看任务 2.4 "换乘站"。

子任务 2.2.4　按车站规模大小分类

车站规模主要由车站所在位置及远期预测客流确定，根据高峰小时客流量的大小可分为3类：

① 大型车站：高峰每小时客流量达3万人次以上；

② 中等车站：高峰每小时客流量在2万~3万人次；

③ 小车站：高峰每小时客流量在2万人次以下。

任务2.3 车站的组成

车站是乘客进出城市轨道交通系统的节点，因此车站设置有供乘客进出车站的出入口及通道、售检票的站厅、候车的站台、给车站通风换气的通风道和风亭、供车站工作人员指挥客运和行车作业的车站用房，以及其他附属建筑。其中，站厅、站台、车站用房属于车站主体，与行车、客运工作紧密相关，直接影响城市轨道交通的客运质量。城市轨道交通车站的组成如图2-9所示。

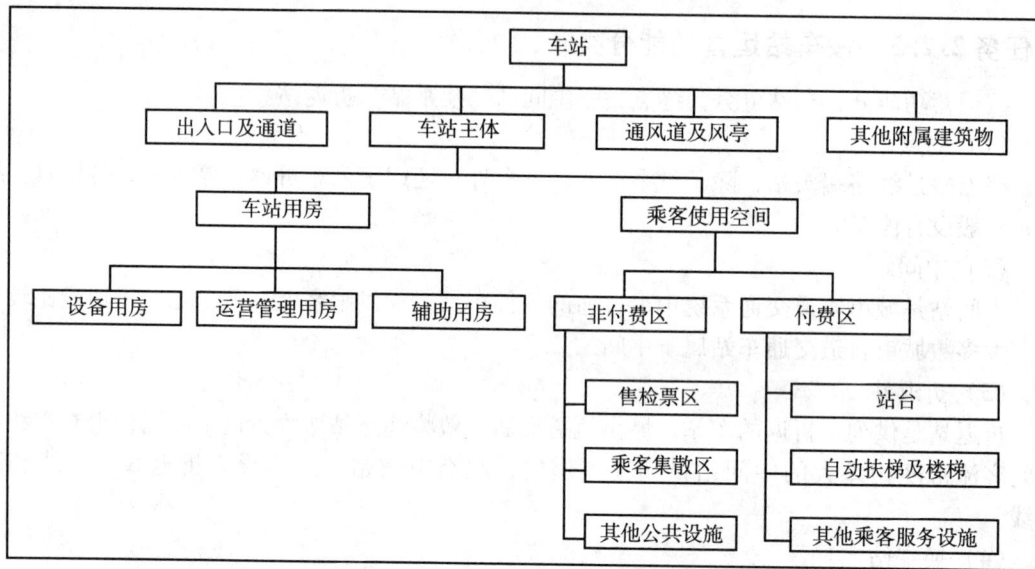

图2-9 城市轨道交通车站的组成

（1）车站主体

车站主体是列车的停车点，它除了要供乘客上下车、集散、候车外，通常也是办理运营业务和设置运营设备的地方。从功能上分，车站主体可分为乘客使用空间和车站用房两部分。乘客使用空间主要是站厅区、站台区及自动扶梯、步行梯等乘客服务设施，站厅区是乘客集散、售检票所必需的公共空间，站台区是乘客候车及乘降的主要场所。

（2）车站用房

车站用房主要包括设备用房、运营管理用房和辅助用房。

设备用房是为保证列车正常运行、保证车站内良好环境条件和在灾害情况下保障乘客安全所需的设备用房，主要包括通风与空调用房、变电所、综合控制室、防灾中心、通信机械室、信号机械室、自动售检票室、冷冻站、配电室、公区用房。

运营管理用房是车站运营管理人员使用的办公用房，主要包括站长室、车站控制室、票务室、广播室、会议室、客服中心和公安保卫室等。

辅助用房是为保证车站内部工作人员正常工作、生活所设置的用房，主要包括卫生间、更衣室、休息室、茶水间等。

> **小贴士**
>
> 车站用房应根据运营管理需要设置，在不同车站只配置必要房间，尽可能减少用房面积，以降低车站投资。

子任务 2.3.1 车站的出入口及通道

1. 出入口

出入口是城市轨道交通车站与外界连接的窗口，乘客通过出入口进出车站。每个车站设有 2～8 个出入口。

出入口常设在地面道路相交的路口及与其他交通方式换乘便利的地方，以便能大范围地吸引和疏散客流。一些出入口还与商业繁华区的大商场或娱乐场所相连接，便利乘客出行。图 2-10（a）所示为地铁中关村站的出入口示意图，图 2-10（b）所示为地铁中关村站出入口的外观。

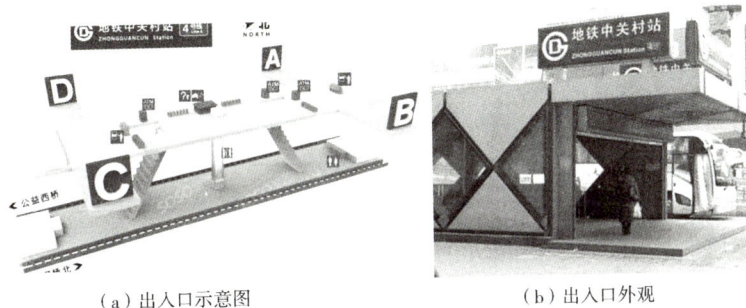

（a）出入口示意图 （b）出入口外观

图 2-10 地铁中关村站

想一想：负责出入口客运引导工作的是哪些岗位的员工？他在出入口客流引导方面的主要职责是什么？

为方便乘客进站乘车，在车站出入口应设置醒目的客运引导标识，主要引导标志如下：

① 从车站中心处外扩 500 m，此范围内的主要道路口应设置醒目的指示牌，指明距离最近的城市轨道交通车站的方向及距离，如图 2-11（a）所示。

② 在每个出入口均应设置醒目的城市轨道交通标牌，包括城市轨道交通标识、车站名

称及出入口编号，如图 2 - 11（b）所示。

（a）车站附近的指示牌　　　　　　（b）车站出入口的标识

图 2 - 11　城市轨道交通出入口及附近的指示标识

2. 通道

城市轨道交通车站，不管是地下车站还是高架车站，一般都由地下两三层或地上两三层组成。因此，乘客从车站出入口到站厅层，或从站厅层到站台层，一般都需要通过一定长度的通道。

想一想：负责通道客运引导工作的是哪些岗位的员工？他在通道客流引导方面的主要职责是什么？

1）通道的设计原则

通道有步行梯和电梯两种形式，城市轨道交通的通道通行能力如表 2 - 1 所示。

表 2 - 1　城市轨道交通的通道通行能力

名称		每小时通过能力/人
1 m 宽步行梯	单向下楼	1 200
	单向上楼	3 700
	双向混行	3 200
1 m 宽自动扶梯		8 100
1 m 宽自动人行道		9 600

从运营的角度看，通道是联系城市轨道交通车站出入口、站厅层、站台层的纽带，通道的设计合理与否将直接影响站内乘客流线的组织，对车站的客运质量影响显著。设计通道时，应以乘客流动的路线为主要依据，并遵循以下两个原则：

① 减少进出站乘客流线的交叉；

② 最大限度地缩短乘客从出入口到站厅的走行距离。

2）步行梯与电梯的配置原则

从运营实践角度看，通道是采用步行梯的形式还是电梯的形式，或者采用步行梯与电梯相结合的形式，与车站的客流量、乘客在通道处的垂直提升高度有关，具体如下。

① 一般站出入口：一部步行梯 + 一部自动扶梯。正常运营状态下，自动扶梯为上行，出站乘客首选自动扶梯；步行梯为下行，进站乘客选择步行梯。

　　② 特殊站和一级站出入口：一部步行梯 + 两部自动扶梯，正常运营状态下，自动扶梯分为上行和下行，进、出站乘客首选自动扶梯，当自动扶梯不能满足疏散要求时，进、出站乘客可选择步行梯。

　　③ 当车站出入口的提升高度超过 6 m 时，宜设上行自动扶梯；提升高度超过 19 m 时，除设上行自动扶梯外，宜同时设下行自动扶梯。

　　3）步行梯

　　步行梯几乎在所有城市轨道交通车站都能见到，通常有以下 3 种形式。

　　（1）进站客流与出站客流混用的步行梯

　　在客流量不大的车站，从出入口到站厅层的通道采用这种步行梯，如图 2 – 12 所示。由于进站客流和出站客流混用步行梯，当客流较大时就容易产生进出站客流对流的情形，对客流组织不利。

小贴士

　　步行梯与检票口在同一方向布置时，步行梯进口距检票口的净距离不宜小于 6 m。

图 2 – 12　进站客流与出站客流混用的步行梯

　　（2）与自动扶梯并用的步行梯

　　这种步行梯与自动扶梯并用的通道设计也分两种。一种适用于客流量不大且上下层间提升高度小于 6 m 的车站，自动扶梯用于输送上行客流，步行梯用于输送下行客流，如图 2 – 13 左图所示。另一种用于车流量较大且层间提升高度比较高的车站，通常用自动扶梯输送上下行的乘客，中间的步行梯在客流量较大时供身体素质比较好且愿意步行的乘客使用，如图 2 – 13 右图所示。

　　这种设计可以有效地将进站客流与出站客流分开，避免对流或拥挤，对客运组织有利。

图 2-13　同时设置步行梯和自动扶梯

小贴士

步行梯与自动扶梯并列布置时，其相互之间的位置无规定，一般将步行梯下踏步最后一级与自动扶梯的下梯踏脚平面取平。

（3）中间设置栏杆的步行梯

这种步行梯通常设置在提升高度较低、客流量较大的车站。设于步行梯中央的栏杆（见图 2-14），可以有效地将进站客流和出站客流分开，避免对流或拥挤，对客运组织有利。

图 2-14　中间设置栏杆的步行梯

小贴士

步行梯一般采取 26°～34°倾角，其宽度单向通行不小于 1.8 m，双向通行不小于 2.4 m。当宽度大于 3.6 m 时，应设置中间扶手，且每个梯段不宜超过 18 步。

在车站发生紧急情况时，步行梯主要用于向外疏散乘客，所以步行梯平时应保持畅通，任何物品不得堆放在步行梯处，任何人员不得滞留在步行梯处。步行梯附近的墙面上通常会悬挂一些如图2－15所示的禁止标识。

图2－15 步行梯附近墙面上悬挂的禁止标识

4）电梯

城市轨道交通系统的电梯包括垂直方向运行的液压梯（简称垂直电梯）、倾斜方向运行的自动扶梯（简称自动扶梯）及自动人行道和楼梯升降机，其最大特点是输送能力大、效率高、能连续运送乘客，特别适合于客流量大的车站。

随着服务水平的不断提升，车站出入口、站厅层至站台层之间原则上均设置可上、可下的自动扶梯，用于在车站出入口、站厅、站台之间输送乘客。对于客流量很大的城市轨道交通车站，比如换乘站，为加快乘客在站内平层的通过速度，通常设置自动人行道。对于没有能力设置垂直电梯的车站，为方便残疾乘客，通常会设置楼梯升降机。

图2－16左图所示为自动扶梯，图2－16中图所示为垂直电梯，图2－16右图所示为自动人行道。

图2－16 电梯

关于电梯的详细介绍，详见项目3。

子任务2.3.2 站厅

站厅是用于乘客集散、售检票的公共空间，主要用于安检、售检票作业。根据使用属性不同，站厅分公共区和车站用房区两部分。

想一想：站厅的主要客运服务人员是哪些岗位的工作人员？他们的主要工作分别是什么？

为方便乘客进站乘车，站厅应在醒目位置设置引导乘客进站、安检、购票、乘车及出入站方向的标识，如图 2-17~2-19 所示。

图 2-17 进站引导标识

图 2-18 出站引导标识

图 2-19 换乘站引导标志

1. 公共区

公共区有付费区和非付费区的功能区别，检票口是付费区与非付费区的分界线，如图 2-20 所示。非付费区是乘客购票并正式进入车站前的活动区域，它一般应有较宽敞的空间、安检设备和售检票设备，根据需要还可设银行、公共电话、小卖部等设施。付费区是乘客检票后正式进入车站后的活动区域。

图2-20　站厅公共区

售检票设备应设在有利于乘客进、出站的地方，尽量压缩乘客在站内停留时间。同时，需要在站厅层对客流进行合理的组织，避免和减少进出站客流的交叉，要考虑突发性客流特点，留有足够的乘客集散空间，并创造快捷的进出站条件。

> **小贴士**
>
> 　　对于一般的城市轨道交通车站来说，通常非付费区的面积略大于付费区。非付费区的最小面积一般可以参照能容纳高峰时段5 min内聚集的客流量来推算。

2. 车站用房区

车站用房的数量应根据车站客流规模和业务量来确定，通常包括车站控制室、站长室、收款室、车票分类编码室、票务/问询室、环控机房、更衣室、卫生间、茶水室、通信设备室、信号设备室、消防泵房、交接班/会议室、警务室、配电室、库房等。

设备管理用房通常设置在车站的两端，并且呈现出一端大、一端小的现象，中间留出一部分作为站厅公共区，有利于客流均匀通向站台候车。

1）票务用房与咨询用房

如果车站的业务量比较小，可以将办理特殊票务业务的服务用房和办理咨询业务的用房合二为一，设置在进出站客流经过的某个方便乘客的区域，如图2-21所示。

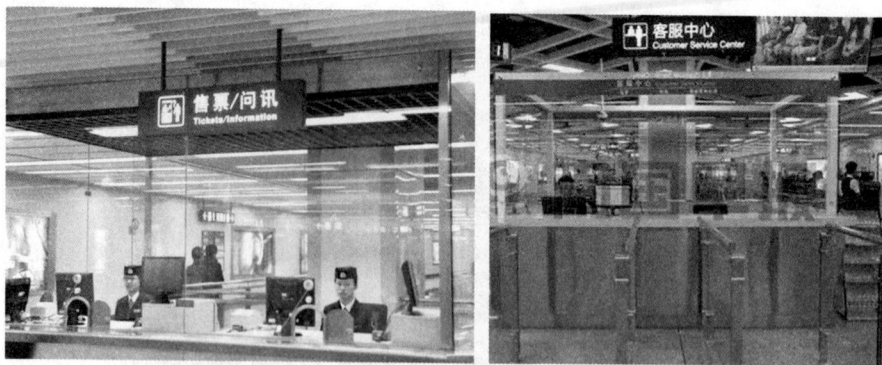

图 2 - 21　售票/问讯处

如果车站的业务量比较大，可以将办理特殊票务业务的服务用房和办理咨询业务的用房分开设置，咨询服务用房设置在进出站乘客流经的某个方便乘客的区域，票务服务用房则设置在一个可避开大部分客流的区域，但这样的设置，无论是人员成本还是设备成本，都相对较高。

图 2 - 22　车站控制室

2）车站控制室与站长室

车站控制室（见图 2 - 22）需要能全面观察站厅的运行情况，所以它的视野比较开阔，通常设置在站厅客流量较大的一侧，宜朝向客流量相对较大的一端的站厅的公共区，或者设置在站厅的中部。为了使车站控制室有更为开阔的视野，其室内地面一般比公共区地面高。

站长室通常位于车站控制室的隔壁，方便快速处理各种异常状况。

小贴士

站长室必须每天 24 h 有人值班。当值班站长离开时，必须找一名符合资格的人暂时代替其职务。

3. 站厅区客运服务设备

站厅区常设的客运服务设备包括安检机（见图 2 - 23 左图）、自动售票机（见图 2 - 23 中图）、自动检票机（见图 2 - 23 右图）。关于自动售票机、自动检票机的详细介绍，见项目 3。关于安检机的介绍见项目 7。

图2-23　站厅区常设的客运服务设备

以天津地铁的自动售票机及检票设备为例，每台自动售票机及检票设备的通过能力如表2-2所示。

表2-2　每台自动售票机及检票设备的通过能力　　　　　　　　　人／（min·台）

条件	自动售票机	进站闸机	出站闸机
引导充分	3~4	12~15	12~15
乘客自助	1~2	8~9	8~10

子任务2.3.3　站台

站台位于付费区，是列车停靠、乘客候车及乘降车的区域，如图2-24（a）所示。

站台也分为公共区和设备区，一般两端为设备区，中间为公共区，设备区也设有设备用房和管理用房。

在站台区，为方便乘客候车，通常都在醒目位置给出候车提示标识，比如对屏蔽门的提示、对安全线的提示、对上下车位置的提示等，如图2-24（b）所示。

（a）站台

（b）站台候车标识

图2-24　站台及站台候车标识

想一想：负责站台客运引导工作的是哪些岗位的员工？他在站台安全方面的主要职责是什么？

1. 站台立柱

站台立柱是站台建筑的一部分，其数量与车站的规模有关。立柱位置设置应考虑不能占用乘客通道，尽量避免遮挡乘客或工作人员的视线。同时，车站可以很好地利用立柱的表面来完成其他功能，如悬挂宣传牌、导向标志、广告等。立柱有圆柱形的，也有四棱形的（见图 2 – 25 左图）。图 2 – 25 右图所示是加拿大多伦多博物馆地铁站中图腾样式的立柱，很有历史的味道。

图 2 – 25　站台立柱

2. 屏蔽门

屏蔽门（platform screen door，PSD）安装在站台边缘，将轨道与站台候车区隔离开来，如图 2 – 26 所示。

图 2 – 26　站台边缘的屏蔽门

屏蔽门具有以下功能：

① 保护乘客的安全。防止乘客跌落或跳下轨道而发生危险，让乘客安全、舒适地乘坐城市轨道交通出行。同时，列车也可以在较安全的环境下行驶，减少司机的不安全感。

② 改善站台候车环境。屏蔽门使乘客及员工与列车之间保持安全距离，降低列车进站或通过站台时所造成的风压，减少噪声，让乘客有较为舒适的候车空间及环境。

③ 增加车站空调利用率。屏蔽门有效阻隔了站台候车侧与轨道侧空间，使站内的空气无法外流至轨道侧，增加了整个站内空调系统的利用率。

④ 减缓火灾影响。站台侧或轨道侧发生火灾时，屏蔽门可隔绝火势及浓烟，阻止其由轨道侵入站台或由站台延烧至轨道侧，且可延长其两侧相互影响时间，增加乘客的疏散时间。

子任务 2.3.4　风亭及风道

风亭和风道是城市轨道交通环控系统的重要组成部分，其作用是通过送新风、排热、排烟来保证城市轨道交通系统内部的空气质量。

想一想：风亭和风道的运营状态由哪个岗位的工作人员负责？

1. 风亭

风亭是城市轨道交通车站的通风设施，承担着地下车站及隧道的通风换气功能，用于更换车站内的气体，相当于车站的"肺"。

按功能的不同，风亭可分为新风亭、排风亭和活塞风亭。按照设计标准，一座标准车站的通风系统由一组新风亭，一组排风亭，以及两组活塞风亭组成，共计8台风机安装在车站两端地面出入口附近。

① 新风亭用于为城市轨道交通系统输送新鲜空气；

② 排风亭主要用于为城市轨道交通系统排热、排烟；

③ 活塞风亭用来给车站两端的左、右两条隧道抽风、鼓风，用于缓解列车在隧道内行驶时由活塞风引起的列车前后的压力差，及时将列车前部的气体抽排出去，同时将地面新风鼓进车尾隧道，这样列车在行驶中就能实时与车外空气进行交换。

图 2-27 左图所示为昆明地铁设计创意来自少数民族背篓的矮风亭；图 2-27 右图所示为武汉地铁 2 号线上的一座 7 m 高的高风亭，这座风亭以树的剪影方式制作表皮，采用几何抽象的图形勾勒出十种不同的树叶轮廓，再穿插叠加的树枝、树干，也不影响通风的功能需要。

图 2 – 27　风亭

2. 风道

　　风道的主要作用是为车站通风，它一端与风亭相连，另一端与设备用房里面的风机相通，一方面把来自新风亭的新风送入车站，另一方面把车站的废热、费烟排出车站。

任务 2.4　换乘站

　　换乘站是位于两条及两条以上线路交叉点上的车站，乘客可以在换乘站从一条线路换至另一条线路，因此换乘站在城市轨道交通线网客运中具有重要作用。

子任务 2.4.1　换乘站设计原则

　　为提高运营效率，换乘站设计应遵守以下原则。

　　① 换乘通道不宜过长。换乘长度关系到城市轨道交通系统的吸引力，也影响着对乘客的服务水平。一般而言，换乘通道过长时宜设置自动步行道。

　　② 尽量避免客流交叉。换乘站客流较为复杂，包含进站客流、出站客流和换乘客流。因此，换乘路线要明确、简捷，尽量方便乘客；换乘客流宜与进出站客流分开，避免相互交叉干扰。

　　③ 换乘方式合理，应周密考虑换乘方式，合理确定换乘通道及预留口位置，缩短换乘

距离，尽量使各流分离。

④ 换乘能力应满足远期换乘需求。地铁各线路之间及与其他轨道交通线路交会处的换乘站，换乘设施的通过能力应满足预测的远期换乘客流量的需要。不能同步实施时，应预留接口。

⑤ 应尽可能节省造价。

子任务 2.4.2　换乘方式

根据乘客换乘的客流组织方式，可将车站换乘方式分为同站台换乘、结点换乘、站厅换乘、通道换乘、站外换乘和组合换乘。

1. 同站台换乘

同站台换乘是指两条线路的站线分设在同一站台的两侧，乘客可在同一站台由 A 线换乘 B 线。同站台换乘的布局分为同层换乘和不同层换乘两种，其车站布局形式如图 2 - 28 所示。

同站台直接换乘的换乘线路最短，没有换乘高度的损失，乘客换乘非常方便，如工程条件许可，应积极采用。

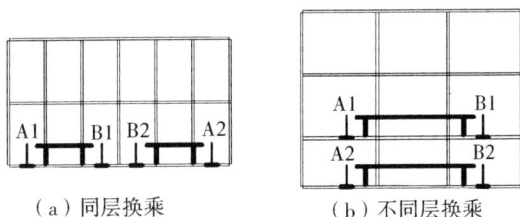

（a）同层换乘　　　　（b）不同层换乘

图 2 - 28　同站台换乘车站布局形式

2. 结点换乘

结点换乘是指在两线交叉处，将两线重叠部分的结构做成整体的结点，并采用楼梯（或自动扶梯）将两座车站站台连通，乘客通过该楼梯（或自动扶梯）进行换乘，换乘高度一般为 5 ~ 6 m。结点换乘方式根据两站的站台形式不同，有很多种组合方式，以"十"字形换乘为例，常见"十"字形换乘方式示意图如图 2 - 29 所示。

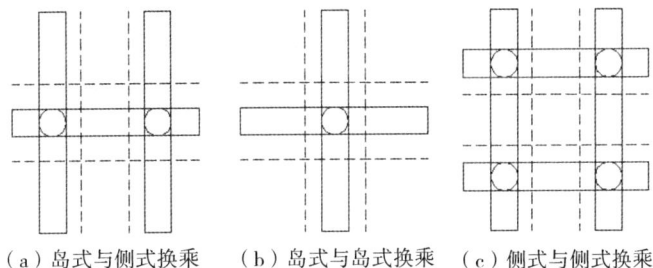

（a）岛式与侧式换乘　　（b）岛式与岛式换乘　　（c）侧式与侧式换乘

图 2 - 29　常见"十"字形换乘方式示意图

结点换乘方式的优点是换乘走行距离短，缺点是结点换乘站的换乘能力较小。两个岛式站台之间采用这种换乘方式连接一般较为困难，因为楼梯宽度往往受岛式站台总宽度的限制，其通行能力难以满足换乘客流需求。结点换乘方式设计的关键是要注意上下楼的客流组织，避免进出站客流与换乘客流的交叉紊乱。

3. 站厅换乘

站厅换乘是指乘客由一个车站的站台通过楼梯或自动扶梯经由另一个车站的站厅或两站的共同站厅到达另一车站站台的换乘方式。

在站厅换乘方式下，乘客下车后，无论是出站还是换乘，都必须经过站厅，再根据导向标识出站或进入另一站台继续乘车。由于下车客流只朝一个方向流动，可减少站台上的人流交织，乘客行进速度快，在站台上滞留时间短，可避免站台拥挤，同时又可减少楼梯等升降设备的总数量，增加站台有效面积，有利于控制站台宽度规模。

站厅换乘一般用于相交车站的换乘。它的换乘距离比站台换乘要长，在很多情况下，乘客在垂直方向上要往返走行，带来一定的高度损失。

站厅换乘方式的关键在于楼梯宽度往往因受岛式站台总宽度的限制，使其通行能力不能满足换乘客流的需要，使该方式的适用范围受到限制。此方式一般适用侧式站台间换乘，或与其他换乘方式组合应用，可以达到较佳效果。

4. 通道换乘

在两线交叉处，车站结构完全分开，当车站站台相距稍远或受地形限制不能直接通过站厅进行换乘时，可以考虑在两个车站之间设置单独的连接通道和楼梯，供乘客换乘，这种换乘方式称为通道换乘。下列两种情况下常采用通道换乘：

① 当两条轨道交通线路在区间相交时，构成 L 形，两线上的轨道交通车站均应靠近交叉点设置，并用专用的人行通道连接，其示意图如图 2-30 （a）所示；

② 当一条线路的区间与另一条线路的车站 T 形交叉时，可采用通道换乘的方式，其示意图如图 2-30 （b）所示。

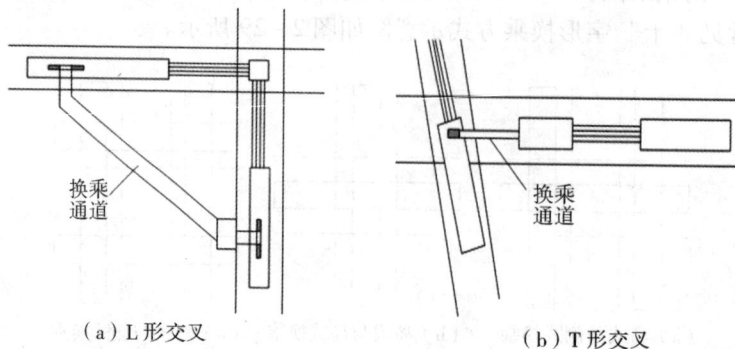

（a）L形交叉　　　　　　　　　　（b）T形交叉

图 2-30　通道换乘示意图

5. 站外换乘

站外换乘是乘客在车站付费区以外进行换乘，实际上是没有专用换乘设施的换乘方式，它在下列情况下可能会出现：

① 高架线与地下线之间的换乘，因条件所迫，不能采用付费区内换乘的方式；

② 两线交叉处无车站或两车站相距较远；

③ 规划不周，已建线未做换乘预留，增建换乘设施十分困难。

采用站外换乘方式，往往是没做好轨道交通线网规划而留下的后遗症。由于乘客需要增加一次进出站手续，步行距离长，再加上在站外与其他人流混合，因而显得很不方便。对于轨道交通自身而言，站外换乘是一种系统性缺陷，在路网规划中应尽量避免。

6. 组合换乘

在换乘方式的实际应用中，若单独采用某种换乘方式不能奏效时，可采用两种或两种以上换乘方式的组合，以达到完善换乘条件、方便乘客使用、降低工程造价的目的。

例如，同站台换乘方式辅之以站厅或通道换乘方式，使所有的换乘方向都能换乘；结点换乘方式辅以通道换乘方式，可以减少预留工程量，等等。换乘组合的目的，是力求车站换乘功能更强，既保证具有足够的换乘能力，又使得工程实施及乘客使用方便。

子任务 2.4.3 换乘站形式

根据换乘站的平面位置，可将换乘站分为"一"字形、"L"形、"T"形、"十"字形和"工"字形等形式。

1. "一"字形换乘站

两个车站上下重叠设置，构成"一"字形组合的换乘车站，一般采用站台直接换乘或站厅换乘，如图2-31所示。

2. "L"形换乘站

两个车站平面位置在端部相连，构成"L"形，高差要满足线路立交的需要。这种车站一般在相交处设站厅进行换乘，也可根据客流情况，设通道进行换乘，如图2-32所示。

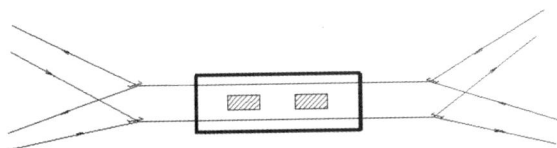

图 2-31 "一"字形换乘

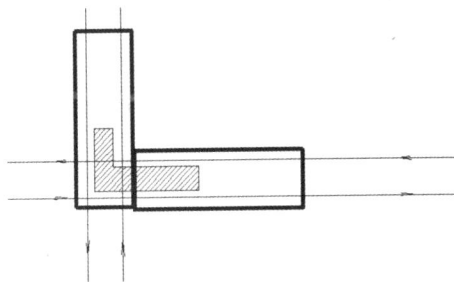

图 2-32 "L"形换乘

3. "T" 形换乘站

两个车站上下相交，其中一个车站的端部与另一个车站的中部相连，在平面上构成 "T" 形，一般可采用站台或站厅换乘，如图 2-33 所示。

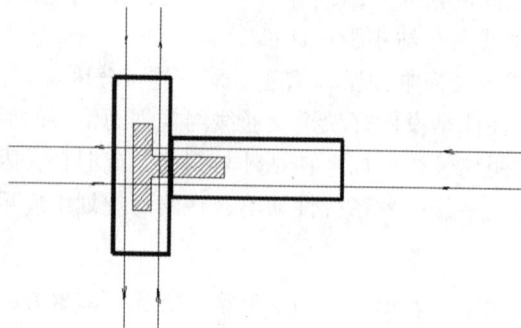

图 2-33 "T" 形换乘

4. "十" 字形换乘站

两个车站在中部立交，在平面上构成 "十" 字形，这种车站一般采用站台直接换乘或 "站厅 + 通道" 换乘，如图 2-34 所示。

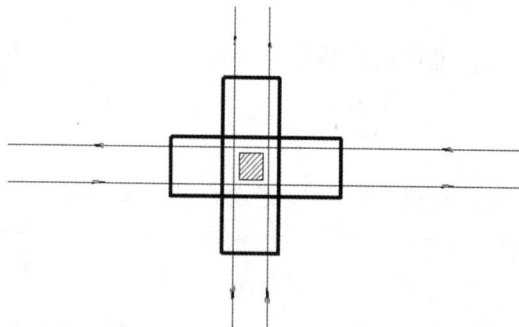

图 2-34 "十" 字形换乘

5. "工" 字形换乘站

两个车站在同一水平面设置，以换乘通道和车站构成 "工" 字形，这种车站一般采用站厅换乘或 "站台到站台" 的通道换乘，如图 2-35 所示。

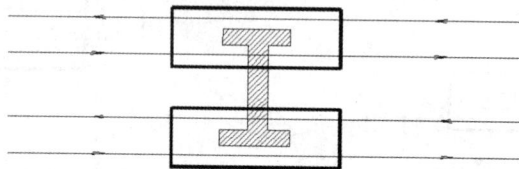

图 2-35 "工" 字形换乘

思考与实训 2

1. 思考题

思考并回答以下问题：

（1）城市轨道交通车站有什么作用？

（2）按车站主体与地面的位置关系分，车站分为哪几类？各自的客运特点是什么？

（3）城市轨道交通车站的站台布局有几种？简述各自的客流组织特点。

（4）车站由哪几部分组成？各部分在客运中承担什么作用？

（5）站厅有哪些客运设备？

（6）从出入口到站厅的通道有几种？设置原则是什么？

（7）在什么情况下必须设置上、下行电梯？

（8）在什么情况下步行梯与电梯并用？

（9）在什么情况下需要使用楼梯升降机？

（10）站台的立柱应如何设计？有何作用？

（11）屏蔽门有什么作用？

（12）风亭和风道的作用是什么？

（13）换乘站的设计原则是什么？

2. 实训任务

任务：调查并撰写城市轨道交通车站调研报告。

任务说明：对学生进行分组，每 5 个人一个小组，组织其对城市轨道交通沿线的车站进行实地调研，对照本项目中介绍的车站分类、组成及各组成部分的设置标准，挑选一个有代表性的车站，图文并茂地写一篇 1 000 字左右的调查报告，并制作 PPT，每小组派一名代表进行讲解。

项目 3

车站客运设备与客运服务系统

项目导学

本项目中，首先介绍车站客运设备，包括电梯系统、屏蔽门系统及自动售检票系统；然后介绍客运服务系统，包括导向标识系统、广播系统、闭路电视监控系统、乘客信息系统、环控系统、给排水系统、照明与低压配电系统。

教学目标

（1）掌握电梯系统的设置原则与用法。

（2）掌握车站售检票设备的设置与用法。

（3）掌握屏蔽门系统的设置与控制方法。

（4）了解各类车站导向标识的设置。

（5）了解广播系统、闭路电视监控系统、乘客信息系统、环控系统、给排水系统、照明与低压配电系统的功能及其在客运中的作用。

建议学时

12 学时。

任务 3.1　车站的客运设备

城市轨道交通的客运组织管理应以"乘客乘车安全、畅顺"为前提，既要质量良好地完成客运任务，又要经济合理地使用机车车辆和其他设备。车站的客运设备主要包括电梯系统、屏蔽门系统、自动售检票系统。

子任务 3.1.1　电梯系统

城市轨道交通车站的电梯系统由垂直电梯、楼梯升降机、自动扶梯和自动步道组成，是城市轨道交通系统的重要组成部分，担负着运送大量客流的任务。电梯系统用于将地面上需要乘坐城市轨道交通列车的乘客迅速、安全、舒适地送入地下站台或高架站台，将地下站台或高架站台上的乘客送到地面，对客流及时疏散起到了至关重要的作用。

想一想：哪个岗位的工作人员为电梯的安全运营负责？具体工作有哪些？

1. 电梯系统配置原则

城市轨道交通系统配置自动扶梯、垂直电梯、楼梯升降机和自动步道的基本原则如下：

① 站台层至站厅层之间根据车站远期客流量设置上、下行自动扶梯；出入口与过街隧道根据人流量设置上、下行或上行自动扶梯。

② 自动扶梯的设置以保证人流疏散和服务质量为原则，自动扶梯的设置与提升高度的关系如表 3－1 所示。

表 3－1　提升高度与自动扶梯设置

提升高度 H/m	上　行	下　行	备　用
$H \leqslant 6$	自动扶梯	—	—
$6 < H \leqslant 12$	自动扶梯	△	—
$12 < H \leqslant 19$	自动扶梯	自动扶梯	△
$H > 19$	自动扶梯	自动扶梯	自动扶梯

注：△表示重要车站也可设置自动扶梯。

③ 车站内设置垂直电梯、楼梯升降机，以满足残疾人等特殊人群的需要，为他们提供出入城市轨道交通的一条无障碍通道。

④ 在长换乘通道处加装自动步道，以解决换乘距离长导致的服务水平下降问题。

2. 垂直电梯

垂直电梯是用于高层或多层建筑物中的固定式升降运输设备，它有一个轿厢，沿着背包架在垂直方向各楼层间运行，是输送人员或货物的垂直提升设备。

1）垂直电梯的工作原理

垂直电梯多属于液压梯，靠液压传统，其油缸设置在轿厢侧面，借助曳引绳通过滑轮组与轿厢连接，利用电动泵驱动液体流动，由油缸柱塞使轿厢升降，通过开门机控制轿厢门的开闭，其示意图如图 3 - 1 所示。

图 3 - 1　垂直电梯原理示意图

2）垂直电梯的设计

城市轨道交通设置垂直电梯，通常是为了满足残疾人和携带大、重行李乘客的使用要求，通常将其设置于车站的站台层至站厅层、站厅层至地面层之间。垂直电梯如图 3 - 2 所示。

图 3 - 2　垂直电梯

垂直电梯的设计标准如下：

① 垂直电梯的平台须离路面 150～450 cm；

② 为方便轮椅使用者，应设置斜坡；

③ 玻璃外墙增加站内透明度，各层电梯门宜安排在相反方向。

3）垂直电梯的使用

垂直电梯具备安全、节能、洁净、静音等多重功效，它的用法也非常简单，乘客可以通过轿厢内的操作按钮（见图 3-3 左图）直接操作，用选层按钮选择自己要去的楼层，用开门、关门按钮控制轿厢门的开、闭，遇到紧急情况还可以按报警按钮（见图 3-3 中图）与工作人员联系。

4）垂直电梯的开启、关闭程序

开启垂直电梯时，插入钥匙并将钥匙转到"0"位置（见图 3-3 右图），然后将钥匙拔出来，再按一般电梯的操作使用即可。

关闭垂直电梯时，插入钥匙并将钥匙转到"1"位置，出现"暂停"字样后，电梯重新开关门一次，当电梯再次关好门后电梯关闭，然后拔出钥匙，操作完毕。

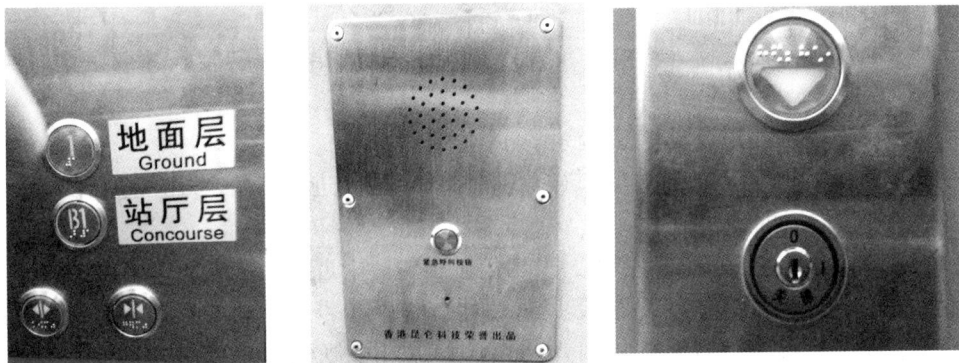

图 3-3 垂直电梯轿厢内的操作按钮

3. 自动扶梯

自动扶梯是带有循环运动梯路向上或向下倾斜输送乘客的固定电力驱动设备。按驱动装置位置可分为端部驱动自动扶梯与中间驱动自动扶梯。与垂直电梯相比，自动扶梯具有以下优点：

① 能够连续运输，运输能力大，效率高，能够在短时间内运送大量乘客；

② 可根据客流特点设置为上行或下行，满足不同客流运输需要；

③ 当停电或故障时，可以把自动扶梯当楼梯使用。

1）自动扶梯的设计

自动扶梯一般采取 30°左右倾角，两台相对布置的自动扶梯工作点间距不得小于 16 m；扶梯工作点至前面影响通行的障碍物之间的距离不得小于 8 m；扶梯与楼梯相对布置时，自动扶梯工作点至楼梯第一级踏步的间距不得小于 12 m。车站出入口若不受提升高度的限制，应设置上、下行自动扶梯。站厅层与站台层之间，一般宜设上、下行自动扶梯，对客流量不大的车站且提升高度小于 6 m 时，可用楼梯代替下行自动扶梯。

自动扶梯的设计标准如下：

① 每座车站至少有一个出入通道设置自动扶梯；

② 当通道提升超过 6 m 时，宜设上行扶梯；

③ 当通道提升高度超过 19 m 时，宜设上、下行扶梯；

④ 站厅层与站台层之间宜设上、下行扶梯；

⑤ 自动扶梯需沿整个车站平均分布；

⑥ 分段设自动扶梯对，两段之间距离不小于 8.5 m；

⑦ 自动扶梯工作点至检票口的距离不宜小于 10 m。

2）自动扶梯的开启

当开始运转或停止自动扶梯时，须按下列顺序进行操作。

（1）运转前的准备工作

① 检查扶梯上有无杂物，若踏板、扶手带、梳齿板、裙板保护胶条（或毛刷）夹有碎纸、小石子、口香糖等，应将其除去。

② 用手触摸，判断裙板及竖板的润滑剂是否充分。

③ 确认自动扶梯周围的安全设施（三角警示牌、防止进入的栅栏等）有无破损等异状。

（2）启动运转时的工作程序

① 把钥匙插入报警开关，响警笛，发出信号，告诉附近的人们自动扶梯即将运转。

② 确认自动扶梯周围或扶梯踏板上没人时，把钥匙插入启动开关后向想要使用的运行方向（上或下）旋转，自动扶梯则开始工作，放开手则钥匙回到中立位置，把钥匙拔出来。

③ 启动后须确认扶梯踏板和扶手带是否正常工作。如果有异常声响或振动，应立即按下"紧急停止"按钮，停止自动扶梯运行。

④ 确认正常运转之后，再试运转 5～10 min。

注意：

在试运转过程中，应按下"紧急停止"按钮，确认其工作情况。

3）自动扶梯的使用

在正常情况下，自动扶梯采用就地控制方式，由车站控制室值班员监视其运行状态。自动扶梯及乘梯注意事项如图3-4所示。

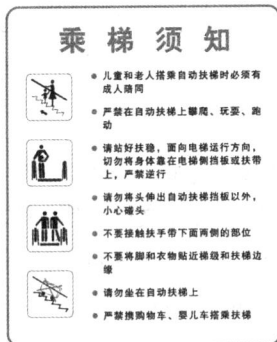

图3-4 自动扶梯及乘梯注意事项

自动扶梯一般在扶梯的右下侧设有紧急停机按钮，高差较大的自动扶梯在扶梯的中部也设有紧急停机按钮（见图3-5），一旦在自动扶梯运行中发生乘客失足摔倒或其他紧急情况，车站工作人员应用力按下乘梯口的紧急停机按钮，使自动扶梯停止运行，并采取相应的救护措施。在重新开动扶梯之前，要确认造成紧急情况的原因，并予以排除。还应检查扶梯，如有异常及不明原因则不得开梯，应及时通知维修人员进行维修。

图3-5 自动扶梯的紧急停机按钮

当发生火灾时，自动扶梯须停止运行，作为固定楼梯来疏散乘客。车站人员应引导乘客正确搭载自动扶梯，对乘客不正确用自动扶梯的行为应及时制止，以免发生危险。

　　若自动扶梯运行时突然加速或减速，有异常声音或振动时，应阻止乘客继续搭乘，待无人后停止运行，并通知专业人员检修。

知识链接

自动扶梯紧停程序

　　在扶梯踏板上有乘客时启动紧急停止程序，则乘客有跌倒、受伤的危险，故在踏板有乘客时绝对不能启动自动扶梯，除非发生了紧急情况。自动扶梯紧停程序如下：

　　① 按下自动扶梯的紧急停机按钮前，需事先通知乘客；

　　② 在紧急状态下不得不进行紧停操作时，应大声通知乘客"紧急停止，请抓住扶手带"后，再进行操作。若莽撞从事，则有可能出现使乘客跌倒的危险。

　　4）自动扶梯停止运转的程序

　　① 停止自动扶梯之前，需确认有无发生异常声音或振动，如有问题则使自动扶梯停止。

　　② 响警笛，通知乘客自动扶梯将停止运行。

　　③ 停止之前，不要让人进入自动扶梯的乘梯口。

　　④ 在确认自动扶梯附近或扶梯踏板上无人后再把钥匙插入停止开关进行操作，自动扶梯则停止。

　　⑤ 结束一天的运行后，要认真检查扶梯踏板、扶手带、梳齿板和保护裙板并清洁。

　　⑥ 为防止乘客将停用中的自动扶梯当楼梯使用，应该用栅栏等挡住乘梯口，设置停用牌。

　　5）自动扶梯的故障处理

　　在运营期间自动扶梯出现故障时，要遵循"先修复后分析"的原则，具体如下：

　　① 当维修人员接到故障报告后应在 30 min 内赶到现场并开始进行处理；

　　② 当维修人员自身无法处理故障而需要技术人员处理时，技术人员接到通知后应在 1 h 内赶到现场协助处理；

　　③ 故障处理完毕后，维修人员向维修调度报告"消除故障"并填写故障处理记录；

　　④ 对于重大设备故障，由技术人员进行原因分析，并提供故障处理分析报告，以避免今后出现同类故障，同时制订故障处理工艺，并把故障分析报告存入资料档案。

4. 楼梯升降机

　　楼梯升降机属于电梯的一个分支，用于在没有垂直电梯的场合供残疾乘客上下楼使用，同时也能弥补垂直电梯不能到达所需楼层的不足。同时，楼梯升降机能沿着顺楼梯铺设的导轨连续做上升、水平和水平 90°角的运行，运行中倾角不大于 35°，能适应城市轨道交通每年工作 365 d，每天工作 20 h 的工作要求。

1）城市轨道交通中的楼梯升降机

对于城市轨道交通车站，楼梯升降机是在无垂直电梯的情况下提供给坐轮椅的乘客在地面层、站厅层和站台层之间垂直移动的设备。因为从站台层到站厅层或者从地面层到站厅层的层间高度通常都在 5 m 以上，楼梯中部一般都有水平段，而且常需要转弯，所以常选用曲线运行式楼梯升降机。楼梯升降机通常安装在车站站台层到站厅层、地面层到站厅层的步行楼梯一侧，在步行楼梯处安装轮椅升降台，如图 3-6 所示。

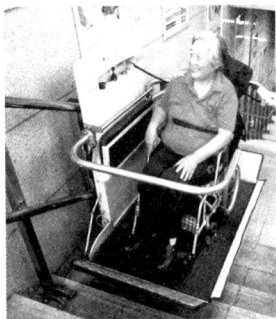

图 3-6　城市轨道交通中常用的楼梯升降机

2）楼梯升降机的结构

楼梯升降机主要由导轨、轮椅平台和安全护栏组成，如图 3-7（a）所示。

导轨是楼梯升降机移动的轨道，为了防止轮椅平台倾翻，通常设 2 根导轨。安全护栏安装在支承架上，由人工或自动收放，只有放下护栏，楼梯升降机才能启动运行。轮椅平台是升降机的工作部分，由钢铁构件制成，表面覆有防滑材料，它的 3 个外向面都安装有安全护板，当平台运动受阻时，能使楼梯升降机停止运动。轮椅平台在不使用时可以向上折叠，以减少占用空间，如图 3-7（b）所示。

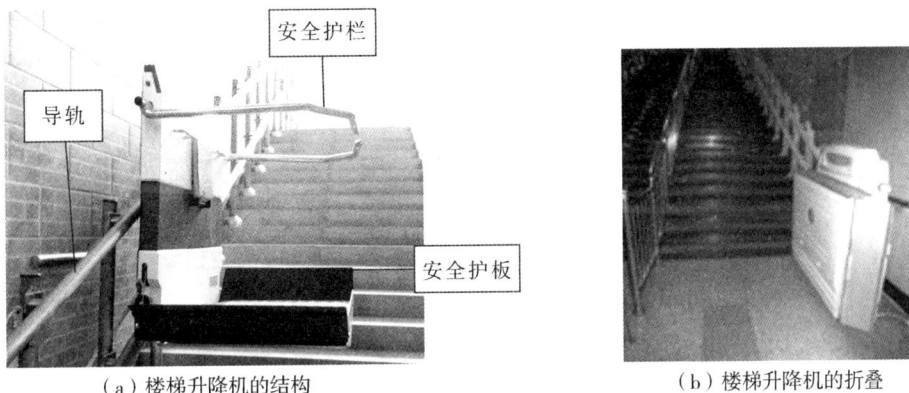

（a）楼梯升降机的结构　　　　　　　　　（b）楼梯升降机的折叠

图 3-7　楼梯升降机的结构与折叠

3）楼梯升降机的使用

城市轨道交通中的楼梯升降机大都采用他助式操作。这种操作方式的楼梯升降机，在轮椅平台上设有钥匙开关，由站务人员掌握钥匙，现场开停升降机。

采用这种操作方式的楼梯升降机，在楼梯的上下端均设置有专用操作箱。操作箱上设有对讲机，需要使用楼梯升降机时，先要通过对讲机与站务人员取得联系，由站务人员到现场打开轮椅平台，协助使用者在平台上就位，然后用外接式运行控制器控制平台的运行。

5. 自动步行道

自动步行道是一种由电力驱动的可以循环运行的走道设备，用于在水平方向或倾斜角不大于12°的情况下输送乘客。在城市轨道交通客流量比较大的车站中，比如换乘站的换乘通道中，往往会安装自动步行道来迅速疏散乘客。自动步行道及乘梯安全提示如图3-8所示。

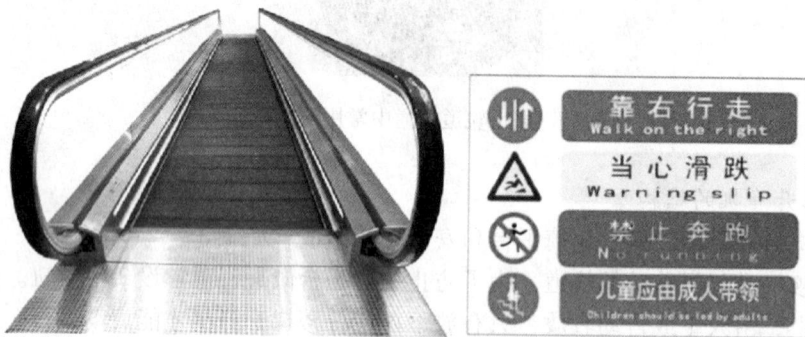

图3-8 自动步行道及乘梯安全提示

知识链接

自动步行道的设计要求

（1）出入口通行区域的长、宽要求。在自动步行道的出入口，应有足够的空间容纳进出自动步行道的乘客。该区域的宽度应大于或等于扶手带中心线之间的距离，在深度方向，从扶手带端部起，向外延伸至少2.5 m。若该通行区域的宽度达到扶手带中心距的2倍以上，则其深度方向尺寸可减至2 m。

（2）踏板上部净空高度要求。自动步行道踏板的上方，其垂直净空应不小于2.3 m，以保证乘客安全无阻碍地通过。

（3）扶手两侧的安全距离要求。扶手带中心线与相邻建筑物墙壁或障碍物之间的水平距离不得小于 500 mm，且该距离应保持到自动步行道踏板上方至少 2.1 m 的高度。如果采取适当措施可避免伤害的危险，则此 2.1 m 的高度可适当减少。

（4）照明要求。自动步行道及其周边，特别是在梳齿板的附近应有足够的照明。室内或室外自动人行道出入口处地面的照度分别至少为 50 lx 或 15 lx。

（5）防护要求。自动步行道与楼板交叉处，以及各交叉布置的自动步行道相交叉的三角形区域，除了应满足上述安全距离的要求外，还应在外盖板上方设置一个无锐利边缘的垂直防碰保护板，其高度应大于 0.3 m。如果扶手带中心线与任何障碍物之间的距离大于或等于 0.5 m 时，则不需采用防碰保护板。

子任务 3.1.2 屏蔽门系统

定义：屏蔽门系统（platform screen door，PSD）是一项集建筑、机械、材料、电子和信息等学科于一体的高科技产品，安装于城市轨道交通车站站台边缘，设有与列车门相对应的、可多级控制开启与关闭的滑动式站台屏蔽门，通过控制系统控制其自动开启。

由于屏蔽门系统把轨行区与站台候车区隔离开来，可有效防止人员跌落轨行区而产生意外事故，所以屏蔽门也称为安全门。

想一想：哪个岗位的工作人员为屏蔽门的安全运行负责？具体做那些工作？

1. 屏蔽门系统的设计原则

屏蔽门系统，要根据列车具体编组形式、停车精度要求、采用的车体类型（A 型车、B 型车、C 型车）、列车运行速度及当地气候条件（温度、湿度、风压、地震条件）等因素进行综合设计，具体如下：

① 满足所在地区的温度、湿度及地震烈度的工作环境；

② 满足列车运行要求，适用于城市轨道交通的各种运营模式，方便乘客上下车，运营故障时能让乘客安全疏散；

③ 具有可靠性和可维护性，无故障使用次数不低于 100 万次，系统使用寿命不低于 30 年；

④ 门体的机械强度和刚度应能承受乘客对门体的挤压和冲击，以及隧道活塞风的作用；

⑤ 应设置在车站站台的有效长度范围以内，以有效站台中心线为基准向两端对称布置；

⑥ 在站台边缘的设置和外形尺寸在任何情况下不得侵入列车行驶动态包络线，屏蔽门系统的任何构件在轨道侧应满足相关标准规定的设备限界要求；

⑦ 安装尺寸应考虑门体的弹性变形，屏蔽门最外突出点至车辆限界之间应有不小于 25 mm 的安全间隙；

⑧ 最大运行强度一般保证至少每 2 min 开闭 1 次，每天可连续正常运行 20 h，每年可连续运行 365 d。

2. 屏蔽门系统的分类

根据屏蔽门的高度不同，屏蔽门可分为全高屏蔽门和半高屏蔽门两种。

1）全高屏蔽门

全高屏蔽门是一道自下而上的玻璃隔离墙和活动门，沿着车站站台边缘和两端头门设置，能把车站候车区与轨行区完全隔离开来，是一种真正的屏蔽门，如图3-9所示。

图3-9 全高屏蔽门

2）半高屏蔽门

半高屏蔽门是一道上不封顶的玻璃隔离墙和活动门或不锈钢篱笆门，其作用只是把站台候车区与轨行区隔离开，仅起到安全保护的作用，因此称为"安全门"。根据半高屏蔽门高度的不同，又可分为两种，一种是全高安全门，另一种是半高安全门。

全高安全门的高度超过人体的高度，门体顶部距离站厅顶面之间有一段不封闭空间，不具有密封性能，其总体高度约为2 050 mm，如图3-10（a）所示。

半高安全门也不具有密封性能，但门体高度不超过人体高度，要求不低于1.2 m，通常高度为1.2~1.4 m，如图3-10（b）所示。

（a）全高安全门 　　　　　　　　　　　（b）半高安全门

图3-10 半高屏蔽门

3. 屏蔽门系统的组成

屏蔽门系统由门体系统、门机系统、控制系统、电源系统4大部分组成，其组成如图3-11所示。其中，门体是出入的通道，门机系统的功能是控制门的开、关，电源系统的功能是给屏蔽门提供动力，控制系统的作用是对屏蔽门的动作进行控制。

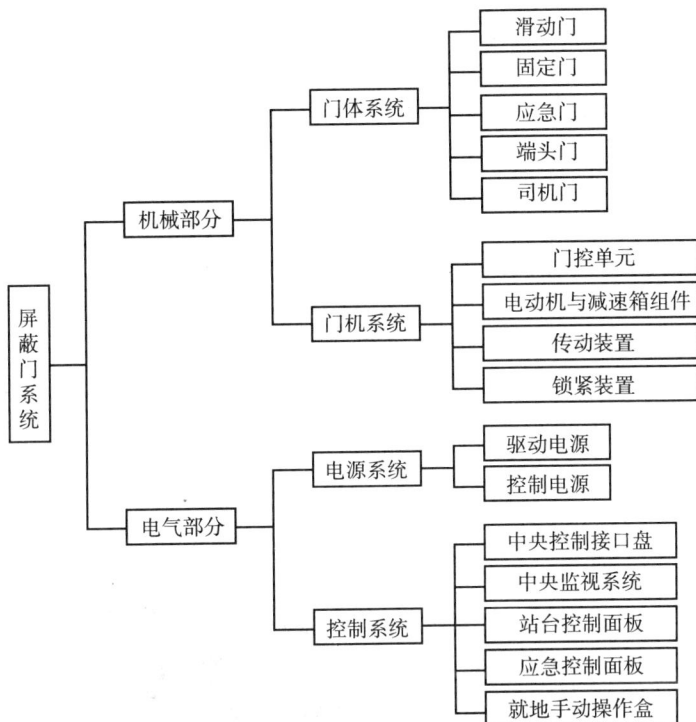

图 3-11　屏蔽门系统的组成

4. 屏蔽门的门体

屏蔽门的门体由滑动门、固定门、应急门、端头门和司机门组成，各种门的作用如下。

① 滑动门与列车客室车门一一对应，关闭时将站台候车区与隧道区隔开，打开时为乘客提供上下列车的通道。

② 固定门设置在两扇双扇活动门之间，是车站与区间隧道隔离和密封的屏障之一，由门玻璃和铝制门框构成。

③ 应急门平常当固定门使用，在列车进站停车后列车客室车门无法对准滑动门时用作乘客疏散通道。紧急情况下，由乘客在轨道侧的列车上打开列车门，然后推动应急门的解锁装置打开应急门，也可以由站务员在站台侧用专用钥匙将其打开。

小贴士

全高屏蔽门对应的每节车一般设两扇应急门，半高屏蔽门对应的每节车一般设一扇应急门。

④ 端门设置在站台两端，是列车因故障停在隧道内时乘客从区间隧道疏散到站台的通道，也是车站人员进出隧道、进行维修的通道，端门应由客车驾驶员或站务员手动打开。

⑤ 司机门是司机进出站台侧与轨道侧的通道，特殊情况下可作为疏散乘客的通道。司机门可以由司机和乘客从轨道侧推压门锁推杆打开，也可以由站务员从站台侧用钥匙打开。

小贴士

应急门、端门和司机门，在使用后必须关闭并锁紧。

图 3-12 所示为各种门在屏蔽门上的位置示意图。

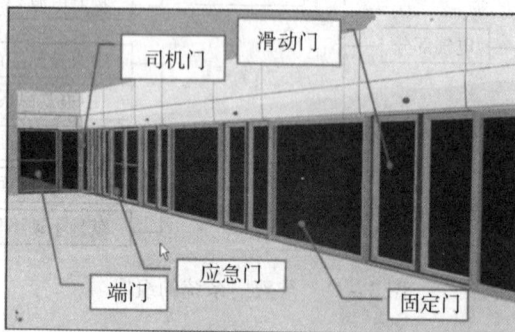

图 3-12　各种门在屏蔽门上的位置示意图

5. 屏蔽门的控制

屏蔽门有系统级、站台级、手动级三级控制。其中手动级控制优先级最高，系统级控制优先级最低。

① 系统级控制是在正常运行模式下由信号系统直接对屏蔽门进行的开、关控制。

② 站台级控制是在系统级控制不能正常实现时由客车驾驶员或站台工作人员在站台操作盘上用专用钥匙对屏蔽门进行的开、关门控制。

③ 手动级控制是在个别屏蔽门操作机构发生故障时由站台工作人员在站台侧用专用钥匙或乘客在轨道侧通过屏蔽门开门把手对屏蔽门进行的控制。

想一想：在哪些情况下需要对屏蔽门进行干预？如何干预？

子任务 3.1.3 自动售检票系统

定义：自动售检票（automatic fare collection，AFC）系统是基于计算机技术、网络技术、现代通信技术、自动控制技术、大型数据技术、机电一体化技术、模式识别技术、传感技术、精密机械技术等多项新技术于一体的大型系统。

在城市轨道交通系统中，AFC 系统是以磁卡或智能卡为车票介质，利用自动售票机、半自动售/补票机、自动检票机、查询机等终端设备，并通过计算机网络实现轨道交通运营中的自动售票、自动检票、自动收费、自动统计的封闭式票务管理自动化系统。

1. 售检票位置设置原则

在城市轨道交通车站，售检票位置的设置应特别注意以下几方面的原则：

① 售检票位置一般不设置在出入口、通道内，并尽量保持与出入口、楼梯有一定的距离，从而保证出入口和楼梯的畅通。

② 保持售检票位置前通道宽敞。售检票位置一般设置在站厅内宽敞的位置，以便于售检票位置前客流的疏导，售检票位置应适当保持一定距离，避免排队时拥挤。

③ 售检票位置根据出入口数量相对集中布置。因城市轨道交通车站一般有多个出入口，为了减少乘客进入车站后的走行距离，一般设置多处售检票位置，但过多设置售检票位置容易造成设备使用的不平衡，降低设备使用效率，并且不利于管理，因此售检票位置应根据车站客流的大小相对集中布置。

④ 应尽量避免客流的对流。客流的对流减缓了乘客出行的速度，同时也不利于车站的管理。因此，车站一般对进、出站客流进行分流，进、出车站检票位置分开设置，使乘客经过出入口和售检票位置的线路不发生对流。

2. 自动售检票系统的功能

在实际运营中，自动售检票系统扮演着票务员、检票员、会计、统计、审计等角色，实现了票务管理的高度自动化。它可以精确记录乘客乘车的起点、终点，准确掌握客流时空分布规律，实时统计各线路及各车站的客流量，为城市轨道交通运营组织提供基础数据。自动售检票系统总体功能主要包括：

① 售检票作业；

② 票务管理；

③ 运营管理；

④ 设备管理；

⑤ 财务管理；

⑥ 清算对账管理；

⑦ 统计查询管理;

⑧ 网络及数据管理;

⑨ 安全管理;

⑩ 运行模式监控与用户权限管理。

3. 自动售检票系统的组成

按照自动售检票系统的逻辑功能,可将自动售检票系统划分为四个层次:第一层为清算管理中心系统(account clearing center, ACC),第二层为线路中心系统(line center, LC),第三层为车站计算机系统(station computer, SC),第四层为车站终端设备,如图 3-13 所示。

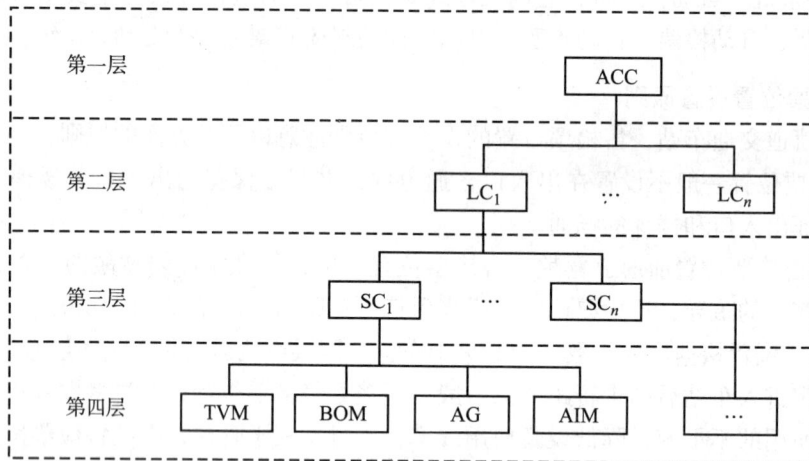

图 3-13 自动售检票系统的体系结构

自动售检票系统的终端设备主要分布于车站,处于自动售检票系统的第四层,包括自动售票机、自动检票机、半自动售/补票机、自动查询机、便携式检票机等。各种自动售检票设备及其功能如表 3-2 所示。

表 3-2 自动售检票系统的终端设备

设备名称	英文缩写	设备位置
自动售票机	TVM	站厅(非付费区)
自动检票机	AG	站厅(划分付费区与非付费区)
半自动售/补票机	BOM	售/补票室
便携式检票机	PCA	AFC 票务室
自动查询机	AIM	站厅(非付费区)

4. 自动售票机

自动售票机简称 TVM(ticket vending machine),它的基本功能是通过乘客的自助式操作完成自动售票，可接受用硬币和纸币购买单程 IC 票卡，也具有对交通一卡通专用储值车票进行充值的功能。自动售票机及其操作界面如图 3 – 14 所示。

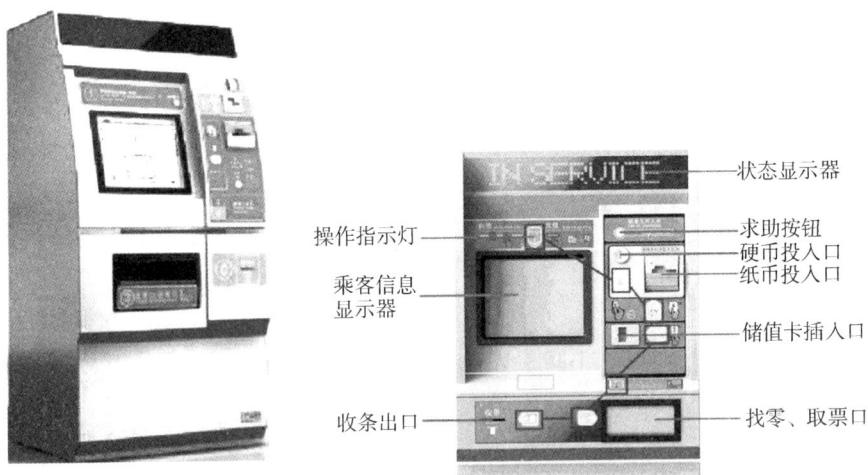

图 3 – 14　自动售票机及其操作界面

1）自动售票机的功能

自动售票机的自助售票过程包括接受购票选择、接收购票资金、自动出票及找零等。在必要时，还可以打印充值凭证等。自动售票机的主要功能如下：

① 提供乘客用纸币、硬币自助式购买单程票的服务，接受乘客的购票选择，并在购票过程中给出提示信息及操作指导；

② 可以接受乘客投入的规定面值的纸币、硬币现金或储值票、信用卡等其他付费介质进行购票，并自动进行识别，对无法识别的现金或储值票、信用卡予以退还；

③ 自动计算乘客投入的现金数量及购票金额，自动找零，当乘客投入金额大于应付金额时，以 1 元硬币、1 元纸币或 5 元纸币形式找零；

④ 自动完成车票校验、车票发售及出票工作；

⑤ 提供储值卡充值服务；

⑥ 对各部件的工作状态进行自动监测，并向车站计算机系统上报工作状态，同时还设置有"召援"按钮，具有招援功能，可防止误操作；

⑦ 具有存储并上传交易信息的功能，能接受车站计算机系统下发的参数和控制命令，并执行相应的操作；

⑧ 能对本机接收的现金及维护操作进行管理；

⑨ 具有待机服务功能，TVM 在参数指定的时间内无人购票时，进入待机状态，显示预先设置的界面（也可以是广告），之后黑屏，TVM 运行状态显示器显示"正常服务"，在待机状态下检测到有乘客接近时（小于 1 m），界面自动切换为购票界面；

⑩ 能至少保存最近7天的交易数据和设备数据，交易数据存储到硬盘中。

2）自动售票机的工作模式

自动售票机的工作模式有3种：正常服务模式、停止服务模式和限制服务模式。这些模式可以通过车站计算机下达参数设置，也可以根据自动售票机模块的状态进行自动调整。

自动售票机处于正常服务模式时，能满足所有的服务要求，乘客的支付方式不受限制，状态显示器显示"正常服务""正常使用""正常售票"等字样，如图3-15所示。

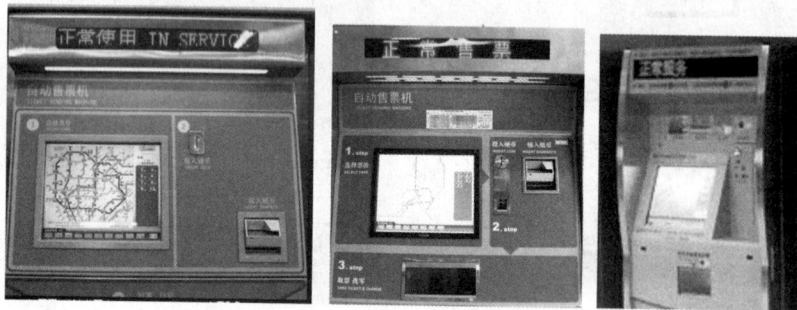

图3-15 正常服务模式

当自动售票机发生卡票故障，或者在运营结束后，或者车站通过计算机系统人为设置为停止服务后，自动售票机进入停止服务模式，状态显示器和触摸屏显示"暂停服务""停止服务"字样，如图3-16所示。

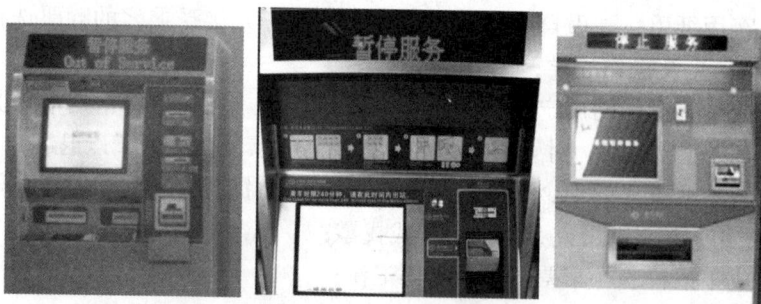

图3-16 暂停服务模式

当自动售票机因为部分内部模块故障无法实现全部功能时，则处于限制服务模式，此时状态显示器显示的信息因故障情况不同而异，常见的有以下几种情况：

① 当充值功能模块无法使用时，VTM自动进入只售单程票模式。此时，只能发售单程票，不能充值，状态显示器显示"只售票"字样，如图3-17所示。此时，站务员应引导需要充值的乘客去票务处充值。

② 当纸币接收器和储值票模块无法使用时，自动进入只收硬币模式，不能接收纸币购票，状态显示器显示"只收硬币"字样，如图3-18所示。此时，站务员应及时报告值班

员，对自动售票机补充硬币。

图3-17　只售票模式

图3-18　只收硬币模式

③当找零模块发生故障时，进入不找零模式。此时，当投入金额超过应付金额时，不找零，多余金额给下一笔交易使用，状态显示器显示"服务中/无找零"字样，如图3-19（a）所示。

④当纸币接收器、硬币接收器、单程票发售模块和找零模块无法使用时，进入只充值模式。此时，不能发售单程票，只接受充值业务，状态显示器显示"服务中/只充值"字样，如图2-19（b）所示。

⑤当硬币接收器和储值票模块无法使用时，进入只收纸币模式，不接收硬币购票，状态显示器显示"服务中/只收纸币"字样，如乘客没有携带相应币种的纸币，站务员应主动引导乘客到票务处兑换相应纸币购票。

当自动售票机出现故障，需要维修时，自动售票机处于维修模式，如图3-19（c）所示。

（a）无找零模式

（b）只充值模式

（c）维修模式

图3-19　处于无找零、只充值、维修模式的自动售票机

3）自动售票机的使用

自动售票机属于自助式售票设备，需要乘客自行操作，但总会有部分乘客不知道如何操作，所以需要站务员主动、热情地为其提供操作指引服务。因此，站务员应熟练掌握自动售票机的购票操作，并能指引乘客使用自动售票机进行购票、充值操作。虽然各个城市轨道交通公司使用的自动售票机略有不同，但购票操作界面类似，如图3-20所示。

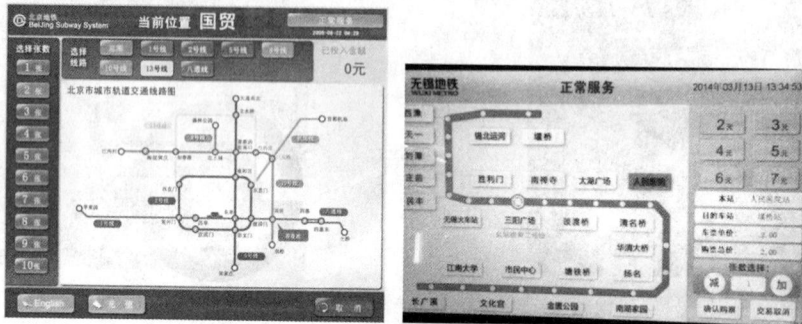

图3-20　自动售票机的操作界面

从如图3-21所示的无锡地铁（左图）和苏州地铁（右图）自动售票机的购票流程可以看出，自动售票机的操作一般都要经过4个步骤：

① 选择乘车区间，比如需要选择终点站；

② 选择购票张数；

③ 根据系统显示的票款投入硬币或纸币；

④ 收取车票和找零。

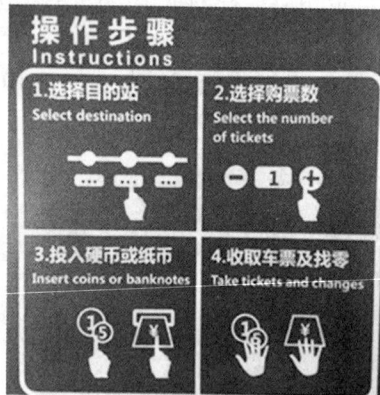

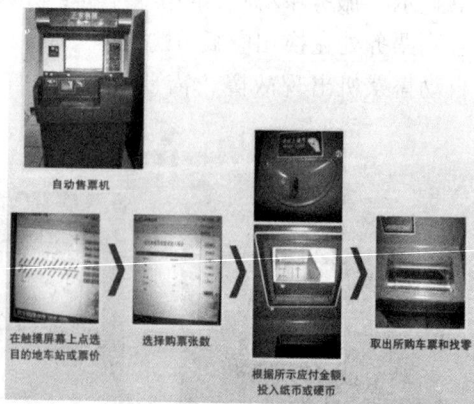

（a）无锡地铁　　　　　　　　　　（b）苏州地铁

图3-21　自动售票机购票步骤

5. 半自动售/补票机

半自动售/补票机简称 BOM（booking office machine），通常安装在售票室或客服中心，以人工方式进行票务处理、车票发售、储值卡充值、车票分析（验票）、退票及其他业务，因此 BOM 又称为票房售/补票机或人工售/补票机，它的外观如图 3-22 所示。

图 3-22　半自动售/补票机的外观

1）半自动售/补票机的主要功能

半自动售/补票机通常由主控单元、乘客显示器、操作显示器、票卡发送装置（可选）、读写器与天线、键盘、鼠标、机身、电源模块、支持软件等部件组成，其主要功能包括以下 3 方面：

①基本业务功能，包括售票、补票、充值、修复票卡、退票、预售、预售抵消、记名票处理、车票查询、挂失处理、车票分析、票据和发票打印等功能；

②辅助业务功能，包括更换票箱、收益查询、操作员间休、操作员签退、操作员结账、关机处理和密码修改等功能；

③系统设置功能，包括 BOM 与车站计算机系统时钟同步设置、BOM 工作模式设置和 BOM 本机参数设置等功能。

2）半自动售/补票机的工作模式

半自动售/补票机主要有两种工作模式：

①售票模式；

②售/补票模式。

工作模式取决于半自动售/补票机放置的位置。售票模式的半自动售/补票机主要部署于非付费区，适用于大客流时的人工辅助售票；售/补票模式的半自动售/补票机则设置于付费区，适用于放置在出站口闸机附近的付费区内，用于补票或其他票务问题处理。

3）BOM 与 AFC 的关联

BOM 与车站 AFC 系统相连，可以接受车站 AFC 系统下达的各种参数及指令，同时向车站 AFC 系统及线路 AFC 控制系统传送各类数据。

BOM 的运行模式由车站 AFC 系统进行设定和更改，并通过系统参数数据下载到 BOM

上，实现工作模式的自动切换。

6. 自动检票机

自动检票机（automatic gate，AG）简称闸机，是实现乘客自助式进出站检票业务的设备，用于对车票有效性进行验证。对于有效车票，检票机通道阻挡解除——门扇开启或释放转杆，允许乘客进出站。

自动检票机通常设置在非付费区和付费区的分界处，控制乘客离开或进入付费区，如图3-23所示。

图3-23 位于付费区和非付费区分界处的自动检票机

1）自动检票机的功能

自动检票机的基本功能是对乘客所持的车票进行检验，并完成进站或出站的交易处理。其主要功能包括：

① 对车票进行有效性检验，对有效车票进行相应的处理后对乘客放行，对无效车票拒绝放行；

② 对车票的处理结果、通道的通行状态、特殊车票的使用给出明确的提示信息；

③ 对需要回收的车票执行回收操作；

④ 对各部件的工作状态进行自动监测，并向车站计算机系统上报工作状态；

⑤ 接受车站计算机系统下发的参数和控制命令，并执行相应的操作；

⑥ 存储并上传交易信息。

2）自动检票机的结构

自动检票机以主控单元为核心，辅以阻挡装置、车票处理装置、声光提示装置等模块。从外观上看，自动检票机主要包括票类信息显示器、通行状态指示器、读卡器、条码打孔器、通道阻挡装置、乘客通行传感器等部件，其外观结构如图3-24所示。其中，方向指示器通常有4种显示状态，如图3-25所示。

票券信息显示
通行状态指示
读卡器
条码打孔器

通道口指示

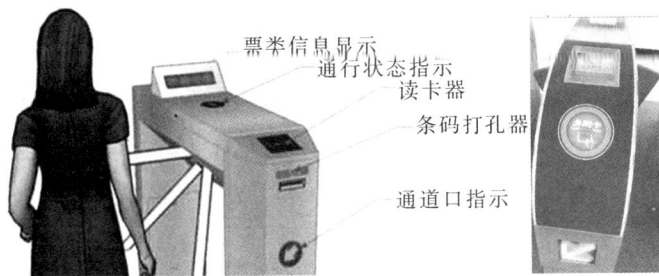

图 3 - 24　自动检票机的外观结构

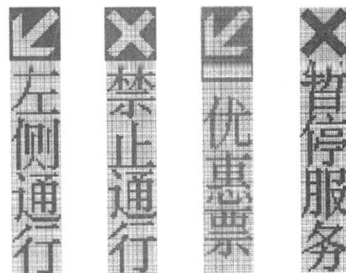

图 3 - 25　方向指示器的几种状态

3）自动检票机的分类

按闸门结构不同，自动检票机可分为三杆式检票机、扇门式检票机和拍打门式检票机三种。三者的主要区别在于通道阻挡装置不同，图 3 - 26 所示为三杆式自动检票机，图 3 - 27 所示为扇门式自动检票机，图 3 - 28 所示为拍打门式自动检票机。

图 3 - 26　三杆式自动检票机

图 3 - 27　扇门式自动检票机

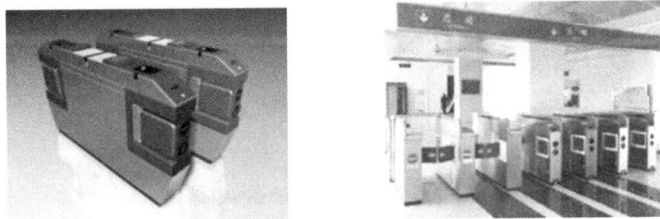

图 3 - 28　拍打门式自动检票机

按功能不同，自动检票机分为进站检票机、出站检票机、双向检票机三种。进站检票机用于完成进站检票，检票端在非收费区［见图 3 - 29（a）］；出站检票机用于完成出站检票，检票端在收费区［见图 3 - 29（b）］；双向检票机既可完成进站检票，也可完成出站检票，在非收费区和收费区可分别按照进站和出站的处理规则完成检票功能，如图 3 - 30 所示。

（a）进站检票机　　　　　　　　　　　（b）出站检票机

图 3 - 29　进、出站检票机

图 3 - 30　双向检票机

按闸门规格不同，自动检票机可分为普通通道检票机、宽通道检票机，宽通道检票机用于残疾轮椅乘客或大行李乘客的通行，图 3 - 31 中轮椅标识下对应的检票机即为宽通道检票机。

图 3 - 31　宽通道检票机

4）自动检票机的工作原理

自动检票机的工作原理是：对乘客使用的车票（IC卡）中所记录的信息（期间，区段）进行读取，与判定部记忆内容进行对比判定，对通过的乘客进行光学测知后，根据对车票和乘客的判断来判定其是否放行。

自动检票机对车票进行有效性检查时，其主要检查内容包括：密钥安全性检查；黑名单检查；票种合法性检查；车票状态检查；用票地点检查；余值检查；有效期（使用时间）检查；进/出站次序检查等。

无论是进站还是出站，二者的检查都包括两大步骤，即车票检查和业务处理。通过检查的车票才能进入业务处理阶段，业务处理按业务规则进行，完成对车票的业务处理后才允许乘客通过检票机通道，进入或离开收费区。

对于无效车票，自动检票机给出提示信息，站务人员应引导乘客前往票务处对车票进行相应的票务处理。

7. 自动查询机

自动查询机（automatic inquiry machine，AIM）通常安装在非付费区，位于自动售票机附近，供乘客自助查看所持车票的信息及有效性，以及乘客服务信息等，其外观如图3-32所示。

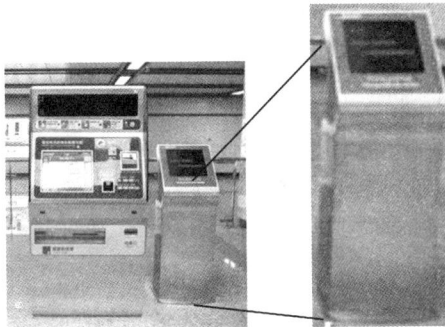

图3-32　位于自动售票机旁的自动查询机

自动查询机中的乘客服务信息从AFC系统下载，通常包括AFC系统介绍、AFC系统使用指南、城市轨道交通公告等，准确性高。

在读取车票信息的过程中，自动查询机不修改车票上的任何数据，可以查询到以下信息：

① 车票逻辑卡号；

② 车票类型；

③ 车票余额；

④ 车票有效期；

⑤ 车票无效原因；

⑦ 交易历史。

8. 便携式检票机

便携式检票机是车站工作人员对乘客所带车票进行检票和验票的设备，具有便携、可移动的特点，通常由车站工作人员手持，在车站的不同区域（付费区、非付费区）移动操作，为乘客提供进站检票、出站检票和在付费区验票的服务。便携式检票机的外观如图 3 - 33 所示。

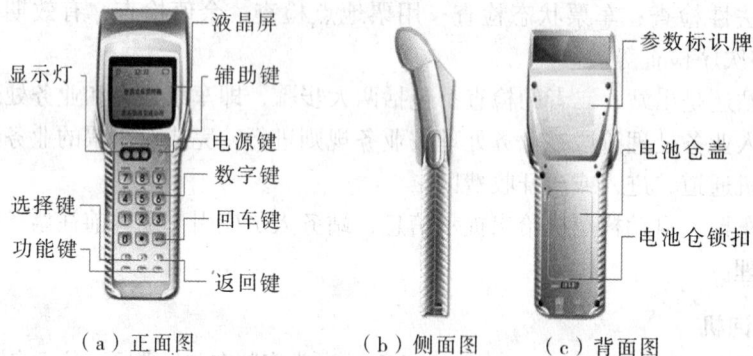

（a）正面图　　　　（b）侧面图　　（c）背面图

图 3 - 33　便携式检票机的外观

便携式检票机可通过液晶屏显示检票结果，方便乘客识别检票操作是否成功，还可以显示车票上记录的所有交易信息。

便携式检票机的工作流程如下：运营日开机→在工作站下载新参数→检票或验票→向车站计算机系统传送交易记录→运营日结束连机注销→关机。

> **小贴士**
>
> 作为一种辅助性检票设备，便携式检票机通常在出现客流高峰或自动检票系统出现故障时使用。

任务 3.2　车站的客运服务系统

车站的客运服务系统主要包括导向标识系统、广播系统、闭路电视监控系统、乘客信息系统、火灾报警系统、环控系统、给排水系统、照明与低压配电系统。

子任务 3.2.1　导向标识系统

城市轨道交通的导向标识系统（signage system，SS）是通过图形符号、文字、颜色等元素组合形成的视觉形象，明确地向乘客传达信息，用以正确引导乘客进站和出站。设置导向标识的目的是使乘客在短时间内迅速认识环境、快速选择最佳行程路径，减少行走盲目性。

1. 导向标识系统设置原则

① 体现城市轨道交通的形象。标识是城市轨道交通重要的服务设施之一，应提供统一、简明、清晰、美观、内容充分的标识系统，展示城市轨道交通的优质服务形象。

② 优先地位。标识系统作为车站内第一视觉信息，是城市轨道交通客流安全、高效的有利保证，设置时应优先于各类广告及其他标牌。

③ 科学适用性。在分析乘客需求的基础上，体现准确、简洁的设计思想；同时还要从乘客习惯、可辨别性等方面来考虑标识的设计和设置，在乘客进、出站所经过的路径上设置必要的标识，在乘客需要得到某种信息时以满足乘客的需求。

④ 系统的连续性。标识系统的设置，要充分考虑到车站内各个位置上标识之间的相互关系，标识之间应相互构成一个连续的系统，保证乘客从地面进站到购票、检票、候车、出站的移动过程中，标识不间断，使乘客通过标识的引导，有序进站和出站。

⑤ 规范统一性。标识的设计和安装、标识中的文字、中英文标注、颜色、图形要遵循国家和地方相关标准，做到规范统一。

⑥ 系统的扩展性。随着城市轨道交通线路的不断延伸和科学技术的发展，一些新设备将不断启用。在标识的设计和设置过程中，要充分考虑今后发展的需要，预留相应的位置，便于今后安装。

⑦ 经济实用性。标识在设计和制作上，既要考虑美观大方、牢固耐用，又要考虑标识的更换维修周期及其方便性。适量采用可变标识，根据信息的变化随时对标识进行修正。

⑧ 色标管理。随着城市轨道交通路网的不断建设，各条线路的交汇站点也会逐步增多，乘客从某一站点乘坐城市轨道交通列车前往目的地时，往往需要在中途某一线路交汇站换乘另一条线路的列车。这样，使用色标管理就显得十分必要。用不同的色彩标注不同的线路、列车、站名牌、导向标识牌等，使乘客根据线路色标、车身色带及导向标识色标就能判定自己处在哪一条线路上，从而便利出行。

2. 导向标识系统的作用

① 疏导指引乘客以合理的流线乘车，保证车站内的正常运营和管理。

② 向乘客提供相关的视觉信息和直观效果，提供乘客必要的指示和警示，以方便乘客，确保安全，利于客运管理组织。

③ 正确引导乘客使用车站内各种服务设施，发挥车站设施功能，保障车站秩序。

3. 导向标识系统的分类

导向标识系统是由若干相互联系、相互依赖的具有不同类型的标识，通过合理的组合而形成的一个统一的整体。按照使用功能的不同，可分为以下几类。

1）确认类标识

确认类标识用于向人们提供某种信息（如标明某设施或场所等），如城市轨道交通标识、换乘站标识、城市轨道交通出口编号标识、自动扶梯标识、卫生间标识等，如图3-34所示。

图3-34　确认类标识

2）导向类标识

导向类标识用以为乘客引导方向，分站外导向标识和站内导向标识两类。站外导向标识包括进站方位标识等，站内导向标识包括出站方位标识、紧急出口标识、售检票标识、换乘标识、列车开往方向标识等，如图3-35所示。

图3-35　导向类标识

3）资讯类标识

资讯类标识用于向乘客提供车站内、出入口及站外的相关资讯，如图3-36所示。

图3-36　资讯类标识

4）公共宣传类标识

公共宣传类标识用于向乘客宣传有关乘车注意事项及配合社会进行的公益宣传标识，如乘客须知等，如图3－37所示。

5）安全警告类标识

安全警告类标识包括禁止标识、警告标识、限制标识，如图3－38所示。

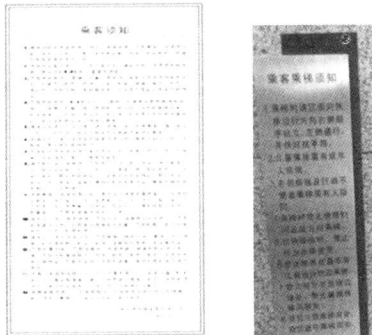

图3－37　公共宣传类标识

图3－38　安全警告类标识

① 警告标识：提醒人们对周围环境、事物引起注意，以避免可能发生的危险的图形标志，如当心触电、当心夹手、注意安全标识等。

② 禁止标识：禁止人们的某种行为及要做的动作或操作的图形标识，如禁止吸烟、禁止携带危险品、禁止通行、禁止入内、禁止跳下站台、禁止入洞、禁止倚靠车门、禁止触摸标识等。例如，城市轨道交通车站入口处的墙面上通常会张贴如图3－39所示的禁止标识。

图3－39　城市轨道交通入口处的禁止标识

③ 限制标识：限制人们的某种行为的标志，如请勿停留、请勿乱扔废弃物标识等。

子任务3.2.2　广播系统

广播系统（public address system）简称PA，是城市轨道交通实现集中管理的重要组成部分，通常用于向乘客或员工进行临时相关信息的语音直播。

1. 广播系统的功能

广播系统的主要功能有2个：

① 向乘客通告列车运行及安全、向导等服务信息，包括列车到站及离站的实时预告信

息、非常情况下的疏导信息，以及寻人、寻物等；

②向工作人员发布作业命令和通知，这里的工作人员包括车站工作人员和车辆段工作人员。

为了实现集中管理，车站广播系统除了由车站播音外，还可由控制中心集中播音。因此，广播系统的主要使用者是控制中心调度员和车站值班员。

2. 广播系统的组成

广播系统由控制中心（OCC）广播、车站广播、车辆段广播三个相互独立又相互联系的子系统构成，包括控制中心设备、车站设备，车辆段设备等。

1）控制中心广播

控制中心设有行车调度、电力调度和环控调度三个播音台，三个播音台之间互锁，即只允许一个播音台播音。

三个播音台分别配有广播区域选择键盘和送话器。播音信号通过信道到达车站的控制单元，并显示在相应的播音台上。

> **小贴士**
>
> 从控制中心可对所有车站的所有区域播音，也可对某一个车站的某个区域有选择性地播音。

2）车站广播

车站广播控制台配有播音区域选择键盘和送话器，在通信室还设有前置发大器、功放及控制接口单元等设备。车站的控制键按下后，即选择了相应的播音区域，被选择区域的播音电路接通，开始播音。

车站广播区分为上行站台、下行站台、站厅、办公区域、上行隧道、下行隧道、出入口、换乘通道等，可分区域广播和集中广播。站台的广播区域，配备有自动音量控制装置，可保证播音音量始终保持比此区域内噪声音量高 10 dB（A）左右，以达到较好的播音效果。

> **小贴士**
>
> 车站的播音具有优先权，可以中断来自控制中心的播音。

3）车辆段广播

车辆段广播系统设有供维修值班员、信号楼控制室值班员、车辆段列车调度员使用的三个播音台，播音范围分别为车辆段入口区域、维修区域和停车库区域。

车辆段广播系统除了扬声器外，还安装有对讲机。对讲机通过电缆与三个播音台的对讲控制台相连，对讲机的扬声器与送话器设在分机内，还设有三个选择键，以便车辆段内工作人员能够方便地与各处对讲控制。

子任务3.2.3 闭路电视监控系统

定义：闭路电视监控系统简称CCTV（closed-circuit television），是一个跨行业的综合性保安系统，它运用世界上最先进的传感技术、监控摄像技术、通信技术和计算机技术，构成一个多功能、全方位监控的高智能化的监控系统，为城市轨道交通管理人员及安全监控人员提供各个要害部位的监视画面，便于管理监控与及时处理，以确保城市轨道交通客运安全。

1. 闭路电视监控系统的功能

闭路电视监控系统能给人最直接的视觉、听觉感受，并对被监控对象做可视性、实时性及客观性的记录，因而成为当前城市轨道交通客运安全防范的主要手段。闭路电视监控系统的主要功能如下：

① 对车站出入口、站厅、站台等重要区域进行图像记录；

② 具有图像自动/手动切换、云台及镜头的遥控功能；

③ 具有图像记录的存储、传输、控制及管理功能；

④ 可与火灾报警系统、消防系统联动。

2. 闭路电视监控系统的组成

闭路电视监控系统由控制中心系统和车站系统组成，其结构如图3-40所示。

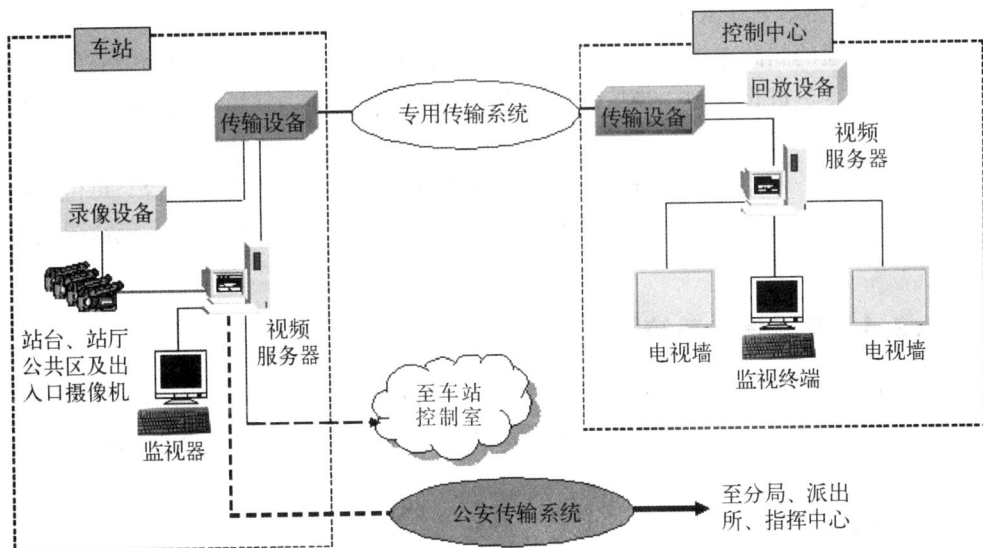

图3-40 闭路电视监控系统的结构

1）车站闭路电视监控系统

车站闭路电视监控系统为车站值班员提供本车站内现场的实况图像，其中站台区的摄像机还为司机提供乘客上下车及车门关闭情况。同时它还受控制中心控制，为控制中心各调度员提供本站的现场实况图像信息。

车站系统主要由摄像机、监视器和传输设备等组成。

（1）摄像机

摄像机将现场实景转换成视频信号沿视频线送到监控室的监视器上，显示现场实况。需要根据车站的布局情况设置监控点。如果是地下车站，则需要将摄像机设于上、下行站台，根据站台的长度不同，可在上、下行站台分别设置 1~2 台摄像机，摄像范围应能覆盖站台。

站厅通常配备具有调焦功能的摄像机，它可以自由地偏转摄像。

（2）监视器

车站控制室设有监视器和图像选择控制键盘，可以自由地选择需要监视的车站部位。

当监视器数目和摄像机数目相等时可进行一对一的监视，也可通过切换设备进行选择性的监视。当监视器数目少于摄像机数目时，则必须经切换设备将所需监视的现场摄像机与监视器相连接，有选择地监视。

为了能清晰地从监视器上看到现场的实况图像，在车站控制室的控制台上能对摄像机进行遥控调整，如调节摄像机镜头焦距、控制云台上下、左右转动等，车站值班员可操纵控制键盘进行图像切换、控制云台的转动和摄像机调焦，以达到最佳摄像效果。

2）控制中心闭路电视监控系统

城市轨道交通的闭路电视监控系统既可由车站值班员控制，也可由控制中心的行车调度员、环境控制调度员进行控制。当控制中心设置有总调度台时，还可由总调度员控制，互不影响。

在控制中心的各调度台上配备一定数量的监视器和一个带键盘的控制台。每位调度员可通过键盘操作来选择他所希望了解的某个或某些车站的某个或某些区域的客流情况或突发事件的图像。

子任务 3.2.4　乘客信息系统

定义：乘客信息系统简称 PIS（passenger information system），是依托多媒体网络技术，以计算机系统为核心，以设置在站厅、站台、出入口、列车上的显示终端为媒介，让乘客及时准确地了解列车运营信息和公共媒体信息的多媒体综合信息系统。

1. 乘客信息系统的功能

在正常情况下，乘客信息系统提供乘车须知、服务时间、列车到发时间、列车时刻表、管理者公告、政府公告、出行参考、财经信息、媒体新闻、赛事直播、广告等实时动态的多媒体信息，是城市轨道交通系统实现以人为本、提高服务质量、加快各种信息公告传递的重要手段，是提高城市轨道交通运营管理水平、扩大城市轨道交通对乘客服务范围的有效工具。

2. 乘客信息系统的分类

按照乘客信息系统所处的空间环境不同，乘客信息系统可以分为站外乘客信息系统、站内乘客信息系统和车载乘客信息系统3个子系统，各个子系统的功能如下：

① 站外乘客信息系统包括网站、微信运营平台等，为乘客提供路线、运营计划、票价等信息，这些信息可支持乘客制订初步的出行计划；

② 站内乘客信息系统为乘客提供实时的交通信息，包括列车的到达时间、列车的离开时间、列车车次信息等，在大客流的情况下提供限流提示等，示例如图3-41所示；

图3-41 站内乘客信息系统

③ 车载乘客信息系统为列车上的乘客提供信息服务，乘客可以通过列车内的显示和通信设备获得线路换乘、进站时间、离站时间、实时新闻和其他相关信息，示例如图3-42所示。

图3-42 车载乘客信息系统示例

知识链接

PIS 信息发布优先级

PIS 可以提供多类信息服务，各类信息的优先级顺序按照如下顺序递减：紧急灾难信息、列车服务信息、乘客引导信息、一般站务信息及公共信息、商业信息。各种信息的播放顺序如下：

① 低优先级的信息不能打断高优先级信息的播出，但高优先级的信息可以中断低优先级信息的播出，同等优先级的信息按设定的时间列表顺序播出；

② 紧急灾难信息为最高优先级信息，发生紧急情况时可以终止和中断其他所有优先级的信息，但改变紧急状态信息的内容或解除紧急状态需由控制中心操作人员人工干预。

子任务 3.2.5　环控系统

定义：环控系统即环境控制系统，用于对城市轨道交通车站内部的空气环境进行控制，使内部空气环境中的空气质量、温度、湿度、气流组织、气流速度和噪声等均能满足乘客及工作人员的生理及心理要求，并满足设备正常运转的需要。

由于城市轨道交通的环境控制主要是通过通风和空调系统进行的，所以环控系统也称为通风空调系统。

1. 环控系统的基本功能

许多城市轨道交通车站设置在地下，地下环境因封闭、湿度大、发热源多等原因，导致空气中湿度、温度、空气流动速度、噪声、灰尘、气味等因素都会对乘客及工作人员带来不利的影响，环控系统的基本功能就是为了解决环境空气质量过低问题。在正常运行情况下，环控系统通过控制空气的温度、湿度及空气中的污染物浓度、空气流通速度、噪声、灰尘等来保证空气质量，满足以下 3 方面的需要：

① 为乘客提供舒适的乘车环境；

② 为城市轨道交通工作人员提供舒适的工作环境；

③ 为设备系统提供良好的运行环境。

2. 环控系统在运营故障情况下的功能

当出现火灾、列车阻塞、毒气等影响城市轨道交通正常运营的事件时，环控系统根据情况改变运行方式，对系统功能进行调整：

① 当列车在区间隧道发生火灾事故或车站内发生火灾事故时，环控系统起防灾排烟通风作用；

② 列车阻塞运行时，可保证阻塞列车空调器正常运行，为疏散乘客提供足够新风，并

引导乘客安全疏散；

③ 车站发生火灾、毒气事件时，能及时排出有害气体。

知识链接

环控系统的控制方式

环境控制系统通常采用中央级、车站级和就地级三种控制方式，其中就地级具有最高控制权，中央级具有最低控制权。

中央级控制设在控制中心，通过网络系统与车站级相连，具有对全线重要的环控设备进行监测、遥控等功能。

车站级控制设在车站控制室，具有对本站环控设备进行操作、检测和控制的功能。

就地级控制设在车站的环控电控室，具有对单台环控设备进行就地控制的功能，适用于设备调试、检查、抢修和应急等情况。

子任务 3.2.6　给排水系统

定义：城市轨道交通给排水系统是为轨道交通运营提供所需的生产、生活、消防用水，排除生产、生活污废水、结构渗漏水、消防水及雨水的系统。

从功能上分，城市轨道交通给排水系统由给水系统和排水系统组成。其中，给水系统包括普通给水系统和消防给水系统。

1. 给水系统的功能

普通给水系统满足车站和车辆段、控制中心、主变电站等附属建筑内工作人员的生活用水、厕所冲洗用水、通风空调系统的循环冷却、冷冻补充用水的水量、水压和水质的要求。

消防给水系统满足车站、车辆段、控制中心、主变电站等附属建筑，以及地下区间的消火栓用水的水量、水质和水压的要求，同时满足自动喷水灭火系统用水的水量、水质和水压的要求。

2. 排水系统的功能

排水系统及时排除车站和车辆段、控制中心、主变电站等附属建筑内工作人员的生活污水、厕所冲洗水；及时排除地下区间的结构渗透水、冲洗水及消防废水；及时排除地下区间隧道出洞口敞开段、地下车站出入口、敞开式风亭、高架车站及区间的雨水。

子任务 3.2.7　照明与低压配电系统

1. 照明系统

照明系统用于车站及隧道的照明控制，由于城市轨道交通的很大一部分位于地下，所以其照明方式极其复杂。

1）照明系统的等级

根据各个场所的照明负荷的重要性不同，可以分为以下3个等级：

① 一级负荷，主要包括节电照明、事故照明、疏散诱导标识照明；

② 二级负荷，主要包括一般照明和各类指示牌照明；

③ 三级负荷，主要包括广告照明。

2）照明系统的控制

车站照明采用三级控制：车站控制室集中控制，照明配电室集中控制，就地控制。

① 车站控制室控制：车站控制室内设有照明控制盘，通过转换开关，可以对照明区域和照明方式进行集中控制。正常情况下，工作人员在机电设备监控系统上对车站照明的工作状态进行监控。

② 照明配电室控制：照明配电室内设有相应照明场所的配电箱，可以在配电室内对照明实现集中控制。正常情况下，配电箱所有开关应全部合上，以便车站控制室集中控制和就地控制。

③ 就地控制：各设备处设有就地开关箱或开关盒，可以通过开关箱/盒控制相应设备的一般照明。

2. 低压配电系统

城市轨道交通的供电主要来自城市电网，通过以降压变电所为主的低压配电系统，以 380 V 三相五线制、220 V 单相三线制方式为城市轨道交通进行低压供电，主要供电对象包括车站环控、排水、消防、电扶梯、自动售检票系统、通信信号等。

1）低压配电系统的分布

低压配电系统的分布如下：

① 变电所低压室、低压配电室各一座，分别布置在站台层两端，各负责半个车站及区间的负荷；

② 环控电控室两座，布置在站厅层两端，各负责半个车站的环控负荷；

③ 照明配电室 4 座，分别位于站台层和站厅层两端；

④ 蓄电池室两座，位于站台层两端。

2）低压配电系统的负荷分类

按供电重要程度不同，低压配电系统可分为以下3级负荷：

① 一级负荷：应急照明、站厅和站台照明、出入口照明、通信、信号、屏蔽门、垂直电梯、排水泵、雨水泵、回排风机、排热风机、组合式空调箱、小系统排烟风机等；

② 二级负荷：一般照明、普通插座、自动扶梯、污水泵、通风机等；

③ 三级负荷：广告照明、装饰照明、冷水机组、冷冻泵、冷却泵、冷却塔风机、清扫机械、商铺等。

思考与实训 3

1. 思考题

思考并回答以下问题:

（1）城市轨道交通车站的电梯系统常用电梯有几种？各有什么作用？

（2）简述自动扶梯的开启、关闭程序。

（3）屏蔽门系统有什么作用？

（4）简述售检票位置的设置原则。

（5）简述导向标识系统的设置原则。

（6）广播系统的信息优先级如何设置？哪种信息优先级最高？

（7）闭路电视监控系统有什么功能？

（8）乘客信息系统有哪几个子系统组成？简述各自的功能。

（9）车站照明系统是如何控制的？

（10）简述环控系统在运营故障情况下的功能。

2. 实训任务

任务：调查并撰写车站客运设备及服务标识的调查报告。

任务说明：对学生进行分组，每 6 个人一组，组织其去城市轨道交通车站进行实地调研，重点调查客运服务设备和服务标识的设置情况，对照本项目中的设置标准，图文并茂地写一篇 1 000 字左右的调查报告，并制作 PPT，每小组派一名代表进行讲解。

项目 4

城市轨道交通票务作业

项目导学

本项目中，首先介绍城市轨道交通系统的车票，然后介绍车站的票务作业流程和票务作业程序，最后介绍特殊情况下的票务处理。

教学目标

（1）熟悉城市轨道交通各种车票的使用原则和方法。

（2）熟悉值班站长、客运值班员、票务员、站务员在票务作业中的岗位职责。

（3）了解 TVM 设备故障时的票务处理方法。

（4）了解 BOM 设备故障时的票务处理方法。

（5）了解检票设备故障时的票务处理方法。

建议学时

10 学时。

任务 4.1　城市轨道交通系统的车票

1. 车票的种类

早期人工售票时代，车票的材质是纸质的，图 4-1 所示的北京地铁早期纸质车票就是一个典型代表。

图 4-1　纸质车票

目前，城市轨道交通自动售检票系统路网内发行和使用的车票共分为两大类，一类为"一票通"车票；另一类为"一卡通"车票。

①"一票通"车票包括单程票、出站票、福利票、定值纪念票、车站工作票及其他预留票种，图 4-2 所示分别为广州地铁和南京地铁的一票通车票。

图 4-2　"一票通"车票

②"一卡通"车票包括非记名成人卡、纪念卡、员工卡及其他预留票种。图 4-3 所示为北京地铁市政交通的一卡通车票。

一票通和一卡通都是非接触式 IC 卡，用于自动售检票系统，但当城市轨道交通自动售检票系统出现故障时，这两类车票均无法使用，此时城市轨道交通运营企业会提供纸质应急车票，如图 4-4 所示。

图 4 - 3　"一卡通"车票

图 4 - 4　应急车票

现行各类车票的具体介绍如表 4 - 1 所示。

表 4 - 1　现行各类车票具体介绍

类别	票种	介质	提供商	使用方法	车票使用规定
「一票通」车票	单程票	非接触式IC卡	ACC	进站刷卡，出站回收	一名乘客本站当日一次乘车有效
	福利票				符合免费乘车条件的乘客一人一次乘车有效
	出站票			出站回收	只能用于一名乘客出站一次
	定值纪念票			进站刷卡、出站经回收口扣费后原处退还给乘客	根据 ACC 业务规则，在发行时限定使用次数，且每次一人使用有效
	车站工作票			进、出站均刷卡	只在本站有效，不计进出站次数
「一卡通」车票	储值票		一卡通公司	进、出站均刷卡	①可反复储值使用，每次一人使用有效②异形卡的使用方法相同，以一卡通公司提供的样式为准
	员工卡				只限系统内部员工使用，每次扣除次数一次
应急纸票	单程票	纸质车票	运营商	进站人工检票、出站无须验票	满足启用条件时使用，一经启用须次日首车方可恢复 AFC 模式

2. 车票的有效期

除另有规定的情况外，各类车票的有效期如表 4 - 2 所示。

表 4 - 2　各类车票的有效期

票种	有效期
单程票	发售时起至当天运营结束时止
福利票	发售时起至当天运营结束时止
出站票	发售时起至系统软件规定时间内止
定值纪念票	规定时间内
一卡通储值票	6 年

3. 车票的使用范围

各类车票的使用范围如下。

① 单程票在路网内车票发售站进站，在票价有效范围内出站时使用。

② 福利票在路网内车票换发站进站，在有效区段内任一车站出站时使用。

③ 出站票在路网内车票发售站出站时使用。

④ 定值纪念票可以在规定时间内，在城市轨道交通路网内各车站进出站时使用；同时，根据 ACC 业务规定，定值纪念票可以在路网各车站享受一次尾程优惠，即定值纪念票内车费余额不足时，允许乘客正常出站。

⑤ 一卡通公司发行的一卡通储值票，除了可以在城市轨道交通路网内各车站进出站使用外，还可以在一卡通公司规定的范围及线路中使用。

任务 4.2　票务作业流程

车站与票务作业相关的岗位包括值班站长、客运值班员、行车值班员、票务员、站区事务员，下面简要介绍各工作岗位的票务作业流程。

1. 值班站长

1）运营开始前

① 组织全班人员做好运营前的各项准备。

② 接到各岗完成各项准备工作的报告后，对 AFC 设备及运营准备情况进行全面检查。

③ 用本人的 ID 及密码登录一台半自动售票机（booking office machine，BOM）。

④ 签退 BOM；向当班的 BOM 操作员发放福利票，并由 BOM 操作员在"福利票领用交接台账"上进行登记。

2）运营中

① 检查、指导、督促各岗位票务作业情况，确保本班的票务作业规范、顺畅。

② 监督自动售票机（ticket vending machine，TVM）钱箱的更换及现金清点。

③ 必要时，负责处理与乘客相关的票务纠纷。

④ 进行班组票务巡查工作，跟踪掌握自动售检票系统设备运转情况。

⑤ 遇紧急情况时指挥各岗应变。

3）交接班时

① 交接终端设备的运转情况及各类耗材的储备情况。

② 交接本岗保管的相关台账、票务备品及钥匙。

③ 交接本站各类票卡、发票及备用金的准备情况（其中各类票卡含"一票通"车票、

"一卡通"车票及应急纸票)。

④ 交接传达上级指示命令及本班未尽事宜。

⑤ 监督各岗位做好交接，确认本班所有岗位作业已结束。

4）运营结束后

① 组织人员协助客运值班员进行自动机具票箱、钱箱的更换。

② 所有作业均已完成后指挥客运值班员通过车站计算机关闭车站终端设备，结束本站全天服务。

③ 监督客运值班员进行现金清点作业。

④ 监督客运值班员结算并封存本站当日全部票款。

⑤ 核对报表及台账。

⑥ 帮助客运值班员做好次日运营准备。

2. 客运值班员

1）运营开始前

① 为票务员发放车票、IC 卡、备用金。

② 将前日收车后准备好的运营所需现金及票卡装入专用推车内，运至 TVM 前。

③ 设备正常启动后，将票卡箱及钱箱逐一装入 TVM，确认 TVM 处于"正常服务"模式。

④ 所有准备工作完成后报告值班站长。

2）运营中

① 巡视车站各类 AFC 终端设备运转情况。

② 负责全部自动售票机钱箱、票箱的更换及现金清点。

③ 给售/补票岗发放车票及其他票务备品。

④ 通过 SC 监控车站车票库存情况，根据站区命令进行站区内车票调配。

⑤ 处理乘客求助事宜。

⑥ 银行上门收款时，负责每日票款的解行。

3）交接班时

① 收取售/补票岗交回的票款，回退 IC 卡。

② 交接车站所有票务现金、库存票卡、发票、相关台账（其中票务现金含备用金和票款，库存票卡含"一票通"车票、"一卡通"车票及应急纸票）。

③ 交接车站 AFC 票务室内的设备、票务备品及相关钥匙。

④ 交接车站 AFC 设备的运转情况及各类耗材的储备情况。

⑤ 交接传达上级指示命令及本班未尽事宜。

⑥ 作业结束后报告值班站长。

4）运营结束后

① 进行 TVM 全部钱箱的更换。

② 收取票务员交回的票款、剩余福利票、废票，回退 IC 卡。

③ 在值班站长的监督下逐一对钱箱内的现金进行清点。

④ 结算并封存本站当日全部票款，如车站票款出现差异，应如实填写《车站票款差异说明》。

⑤ 计算本站当日车票、硬币备用金、纸币找零备用金的流失数量。

⑥ 做好次日运营准备。

3. 行车值班员

1）运营开始前

① 开门前 30 min 打开 SC 服务器，用本人的 ID 及密码登录车站计算机。

② 检查系统参数版本并通过 SC 远程开启车站各种终端设备（BOM、AG、TVM、EQM），检查车站是否处于"正常模式"。

③ 检查车站计算机与各终端设备的网络连接情况，确认一切正常后报告值班站长。

2）运营中

① 通过 SC 监控车站终端设备的运转情况。

② 发现报警、警告后及时通知相关人员。

③ 落实值班站长的临时指令，负责信息的上传下达。

3）交接班时

① 交接终端设备的运转情况、设备故障的报修及处置情况。

② 交接本班及上一班遗留的票务问题。

③ 在值班站长的指挥下确认售/补票岗位已交接完毕。

④ 按规定打印报表并上交值班站长。

⑤ 进行签退作业。

4）运营结束后

① 确认车站所有终端设备的结账及签退工作已经完成。

② 在值班站长的指挥下通过 SC 关闭车站终端设备，结束本站全天服务。

③ 按规定打印报表并上交值班站长。

4. 票务员

1）运营开始前

（1）售/补票岗

① 找客运值班员领取车票、IC 卡、备用金。

② 提前 20 min 开启所有售/补票设备。

③ 确认打印纸数量是否充足。

④ 具备工作条件后向值班站长报告。

（2）检/补票岗

① 向客运值班员领取车票。

② 提前 20 min 开启所有补票设备，确认打印纸数量充足。

③ 确认 AG 处于开启状态。

④ 具备工作条件后向值班站长报告。

⑤ 找值班站长领取福利票并做好福利票领用记录。

（3）检票岗

① 提前 20 min 确认 AG 处于开启状态。

② 找值班站长领取福利票并做好福利票领用记录。

③ 具备工作条件后报告值班站长。

2）运营中

（1）售/补票岗

① 进行单程票的发售，IC 卡的发卡充值作业。

② 为需要补票的乘客进行补票服务。

③ 更换 BOM 票箱及打印纸。

（2）检/补票岗

① 进行闸机群的巡视，疏导进出站秩序。

② 引导乘客正确使用自动售检票设备。

③ 闸机回收票箱满后进行票箱的更换作业。

④ 为需要补票的乘客进行补票作业。

⑤ 更换补票 BOM 票箱及打印纸。

（3）检票岗

① 进行闸机群的巡视，疏导进出站秩序。

② 按规定为符合免票条件的乘客换发福利票。

③ 引导乘客正确使用自动售检票设备。

④ 闸机回收票箱满后进行票箱的更换作业。

3）交接班时

（1）售/补票岗

① 交接岗上所有备用金、票/卡、发票及相关台账。

② 在 BOM 上进行签退作业。

③ 交接本岗位设备运转情况、耗材情况及钥匙等岗位备品。

④ 交接本班及上一班遗留的票务问题。

⑤ 将当班所有票款及 BOM 岗结单交与各运值班员。

⑥ 作业结束后报告值班站长。

（2）检/补票岗

① 交接闸机运转情况及钥匙。

② 交接本班及上一班遗留的票务问题。

③ 在补票 BOM 签退，将本班所有补票款及岗结单交与客运值班员。

（3）检票岗

① 交接设备运行情况。

② 交接剩余福利票，并做好福利票交接记录，登记并交接台账。

③ 交接好闸机钥匙及本岗位其他备品。

⑤ 交接本班及上一班遗留的票务问题。

4）运营结束后

（1）售/补票岗

① 清理废票箱，更换票卡箱。

② 进行岗结，签退后关机。

③ 将岗结单及所有票款和清理出的全部废票交与客运值班员。

④ 加锁保管好票卡。

⑤ 作业结束后上报值班站长。

（2）检/补票岗

① 清理废票箱，更换票卡箱。

② 进行岗结，签退后关机。

③ 将岗结单及岗上所有补票现金及清理出的废票交与客运值班员。

④ 确认检票机正常关闭，妥善保管本岗位钥匙及其他备品。

⑤ 作业结束后上报值班站长。

（3）检票岗

① 清理废票箱。

② 确认检票机正常关闭。

③ 妥善保管本岗位钥匙及其他备品。

④ 将清理出的废票和剩余福利票交还客运值班员，并做好相关记录。

5. 站区事务员

1）收缴票款

站区事务员每日对站区所辖各车站进行票款收缴。收缴票款时，应按下列要求办理。

① 于次日收取前一运营日的全部票款，确保票款收入及时归账。

② 收缴票款时须对票款及车站交款台账、设备机打水单进行认真核对。

③ 因设备故障等原因无法与机打水单核对或核对后交款现金与水单不一致时，应与 SC 日收益报表进行核对。

④ 因设备故障等原因无法打印水单及 SC 报表时，应对实际现金进行全额收缴。

⑤ 与监收人核对票、卡、款、账相符后，填写交款单据并签字；出现设备故障造成票、卡、款、账不符或票务员误操作等情况时，应在相关报表、台账中予以注明，并及时上交相关部门。

⑥ 站区事务员应在规定时间内完成站区各车站票款的封包工作。

2）交款方式

原则上由站区事务员进行票款汇总封包，封包后款箱交由车站客运值班员保管，银行到各车站上门收取。

3）封包解行流程

① 核对确认解行人员的身份。

② 与解行人员双方共同确认封包数量、票款金额与银行"封包明细表"的一致性；同时确认相关台账记录的"解交银行款"金额与银行"封包明细表"的金额相一致。

③ 核对无误后，与解行人员办理交接手续。

任务4.3　票务作业程序

1. 售票/卡

售票/卡时，严格执行"一问、二收、三唱、四制、五找"的作业程序。

① "一问"：问清乘客欲购票的张数。

② "二收"：收取乘客的购票款。

③ "三唱"：唱收票款的金额及乘客购票的张数。

④ "四制"：操作半自动售票机准确发售单程票。

⑤ "五找"：将车票和应找的零钱同时交给乘客。

2. 充值

充值时，严格执行"一问、二收、三唱、四充、五找"的作业程序。

① "一问"：问清乘客欲充值金额。

② "二收"：收取乘客充值款。

③ "三唱"：唱收款的金额及乘客充值金额。

④ "四充"：操作半自动售票机准确进行充值。

⑤ "五找"：将储值票和找零现金同时交给乘客。

3. 检票

检票时，严格执行"一听看、二提示、三疏导"的作业程序。

① "一听看"：听设备提示音是否正确，看设备显示灯是否正确。

② "二提示"：提示乘客正确刷卡、顺序进站。

③ "三疏导"：引导刷卡成功的乘客迅速进站乘车，引导票卡异常的乘客到补票室处理。

4. 退票

1）退票办理条件

满足以下条件之一，可以办理退票：

① 由于城市轨道交通原因运营中断，无法将乘客运达目的地；

② 站内发生影响运营的特殊情况后，未进行降级模式的设置；

③ 必须有值班站长以上人员的指令。

2）办理退票作业的要求

办理退票作业时，须满足以下要求：

① 退票时，现场不得少于两名工作人员；

② 办理退票时必须首先通过 BOM 读卡器对票卡进行车票分析，然后对票卡内写有车费及当日进站信息的票卡进行退票；

③ 对已经办理退票的单程票应单独保管，并于 24 h 内送交票务中心。

5. 退卡

退卡时，应严格执行"一询问、二收取、三查询、四确认、五操作、六交付"的作业程序。

① "一询问"：问清乘客退卡张数及退卡种类。

② "二收取"：收取乘客所退卡片，查看卡片外观是否有物理损坏。

③ "三查询"：将卡片放在 BOM 读卡器上进行车票分析，查询卡内信息是否有效，卡内余额是否在业务办理范围内。

④ "四确认"：提示乘客查看乘客显示器，确认卡内余额及应退金额。

⑤ "五操作"：操作半自动售票机准确办理退卡业务。

⑥ "六交付"：将退卡现金及退卡水单同时交与乘客。

任务 4.4　特殊情况下的票务处理

子任务 4.4.1　TVM 设备故障时的票务处理

TVM 故障时，票务处理方法如下。

① 及时报修并做好相关登记。

② 当 TVM 纸币模块发生故障不能正常使用时，原则上应停用报修。特殊情况下，为满足乘客购票需求，可人工设置为"只收硬币"模式，并加强换币工作。

③ 当 TVM 因未通过一票通认证无法发售单程票时，应及时报修并做好启用 BOM 进行售票的各项准备工作。

④ 本站 TVM 故障率≥60% 或剩余 TVM 不能满足乘客购票需求时，应立即加开人工售票窗口，启用 BOM 进行售票。

⑤ 当 TVM 未通过一卡通认证，无法提供自动充值服务时，原则上应停用报修。特殊情况下，为满足乘客购票需求，可将该台 TVM 人工设置为"只售票"模式，同时须根据现场情况做好"设备故障无法充值，请利用其他自动售票机进行充值"或"设备故障无法充值，请到人工售票窗口进行充值"的宣传提示。

⑥ 由于纸币模块发生故障而导致 TVM 无法提供自动充值服务时，原则上应停用报修。特殊情况下，为满足乘客充值需求，可将该台 TVM 人工设置为"只收硬币"模式，同时须根据现场情况做好"设备故障无法充值，请利用其他自动售票机进行充值"或"设备故障无法充值，请到人工售票窗口进行充值"的宣传提示。

⑦ 设备维修结束后，应监督维修人员逐项验证设备功能，确定故障恢复后应及时启用设备，满足乘客及运营需求。

子任务 4.4.2　BOM 设备故障时的票务处理

当 BOM 发生故障时，票务处理方法如下。

① 对职责范围内能够处理的故障及时排除，故障处理过程中，在相应窗口挂"设备故障，暂停业务"的提示牌，并引导乘客利用 TVM 购买车票。

② 遇非职责范围内、不能处置的设备故障时，操作员需要及时通知值班站长报修，做好报修记录。同时，须在相应窗口悬挂"设备故障，暂停业务"的提示牌，并引导乘客利用 TVM 购买车票。

③ 若室内还有其他空闲 BOM，操作员可退出原 BOM，更换至其他 BOM 重新登录售票。若室内没有空闲 BOM，在运力允许的情况下，值班站长可视客流情况，指示其他 BOM 操作员预制适量单程票，分配给故障 BOM 窗口发售；对于分配的车票及发售后的票款，双方均应进行交接，当面点清。

子任务 4.4.3　所有售票设备故障时的票务处理

当所有售票设备均发生故障不能使用时，票务处理方法如下。

① 立即通知值班站长、报告 LC、站区及公司相关部门。

② 值班站长指示票务员向 LC 提出将车站设置为进站免检模式的申请。

③ 进站免检模式设置成功后，BOM 操作员须立即关闭售票窗口，锁好票款，在闸机处

协助疏导乘客进站，并做好宣传解释工作。

④ 在车站应迅速加强"直接进站，无票乘客出站补票"的宣传提示，同时提示 LC 利用 AFC 调度电话通知路网内其他各站加强出站补票，以确保企业效益。

子任务 4.4.4　检票设备故障时的票务处理

当检票设备（AG）发生故障时，按照下列方法进行票务处理。

① 对职责范围内能够处理的故障及时排除，故障处理过程中，在相应检票通道设置"设备故障，请利用其他通道"的提示牌。

② 遇设备故障需报修时，监票岗及时通知值班站长并在相应检票通道处设置"设备故障，请利用其他通道"的提示牌。

根据检票设备故障范围的不同，其应急处理办法也不同，下面分 3 种情况进行介绍。

1. 部分进站检票设备故障

当部分进站检票设备发生故障时，按照下列要求处理票务。

① 检票岗立即通知值班站长，值班站长可根据情况做出限制或减缓售票的决定，必要时可酌情关闭适量 TVM 或 BOM。

② 若双向闸机状态良好，值班站长可通知客运值班员将其设置为进站专用。

③ 当客流激增，可能出现乘客拥堵时，应立即采取限流措施，并及时向站区报告，根据情况指示客运值班员向 LC 提出将车站设置为进站免检模式的申请。

④ 进站免检模式设置成功后，模式所在站应迅速加强"直接进站，无票乘客出站补票"的提示，同时提示 LC 利用 AFC 调度电话通知路网内其他各站加强出站补票，以确保企业效益。

2. 部分出站检票设备故障

当部分出站检票设备发生故障时，按照下列要求处理票务。

① 检票岗立即通知值班站长。

② 若双向闸机状态良好，值班站长通知客运值班员将其设置为出站专用。

③ 当列车密集到达，可能出现乘客拥堵时，应及时打开特殊通道，并人工回收"一票通"车票，同时向站区报告。

④ 当客流激增，开启特殊通道也无法满足快速疏散要求时，值班站长及时指示客运值班员向 LC 提出将车站设置为出站免检模式的申请。

⑤ 出站免检模式设置成功后，应迅速加强人工回收单程票等回收类票卡的力度，同时提示乘客"不必刷卡，直接出站"。

⑥ 补票岗应关闭补票窗口，锁好票款，做好乘客的宣传疏导工作。

3. 全部检票设备故障

当全部检票设备均发生故障无法使用时，按照下列要求办理票务。

① 检票岗立即报告值班站长；值班站长指示客运值班员向 LC 提出将车站设置为进出站免检模式的申请，并报告站区及公司相关部门。

② 进出站免检模式设置成功后，补票岗应关闭补票窗口，锁好票款，走出售票室，做好乘客的宣传疏导工作。

③ 免检模式所在站应提示 LC 利用 AFC 调度集中电话通知路网内其他各站加强出站补票工作，以确保企业效益；同时，应加强宣传提示，在进站方向提示"直接进站，无票乘客出站补票"，在出站方向提示"无须刷卡、直接出站"，并组织人员人工回收单程票等回收类票卡。

子任务 4.4.5　AFC 设备大面积故障或瘫痪时的票务处理

AFC 设备大面积故障或系统瘫痪时，站区/车站接到 LC 关于启动应急预案的指令后，立即启用应急纸票，转入人工售检票作业模式。应急纸票机制一经启动，应持续到当日运营结束；第二天听候上级指令恢复 AFC 运营模式。

启用应急纸票的工作流程如下。

① 客运值班员接到启用应急纸票的通知后，立即报告值班站长、站区领导及公司相关部门。

② 值班站长指挥各岗按照人工售/检票模式，迅速做好人工售检票的各项作业准备。

③ 客运值班员接到通知后，立即取出应急纸票及人工售检票作业台账，配合值班站长组织站务人员开展人工售检票工作。

④ 交班及运营结束后，售票岗位人员应如数上缴票款，并如实填记相关台账，值班站长应做好现金及台账的检查，核对工作。

⑤ 恢复 AFC 模式后，客运值班员应及时对应急纸票、人工售检票台账进行核对；剩余车票应及时再次封存并与相关台账一并放入储币柜加锁保管。

思考与实训 4

1. 思考题

思考并回答以下问题：

（1）城市轨道交通的车票有几种？各有什么特点？简述各类车票的有效期和使用方法。

（2）值班站长在票务作业中的职责是什么？

（3）客运值班员在票务作业中的职责是什么？

（4）票务员和站区事务员在票务作业中的职责是什么？

（5）简述售票/卡作业程序。

（6）简述票卡充值作业程序。

（7）简述退卡作业程序。

（8）简述检票作业程序

（9）票款结算中遇到票款差异情况时如何处理？

（10）简述 BOM 故障时的票务处理程序。

（11）简述全部检票设备故障时的作业程序。

（12）简述部分出站检票设备故障时的作业程序。

（13）简述部分进站检票设备故障时的作业程序。

（14）简述所有售票设备故障时的作业程序。

（15）简述 TVM 设备故障时的作业程序。

2. 实训任务

任务：调查研究你所在城市的城市轨道交通票务系统，编写一份城市轨道交通票务系统调研报告。要求所形成的报告最终以 PPT 的形式展示，应图文并茂，具有说服力。

提示：报告中，可以围绕下列主题展开：

① 你所在城市的城市轨道交通车站有哪些票务设备？

② 介绍你所在城市的城市轨道交通使用的车票。

③ 介绍你所在城市的城市轨道交通的票价。

项目 5

城市轨道交通客运组织

项目导学

　　本项目中，首先介绍城市轨道交通车站的日常运作，然后介绍客流及其对客运的影响、车站在正常情况下的客运组织，最后介绍大客流客运组织和突发事件下的客运组织。

教学目标

　　（1）熟悉车站日常运作流程。
　　（2）掌握客流的定义及城市轨道交通客流的 3 大特点。
　　（3）了解城市轨道交通的客流变化特点及其对客运的影响。
　　（4）熟悉车站客运组织基本原则。
　　（5）掌握车站客流组织方法。
　　（6）熟悉大客流客运组织措施及其实施时机。
　　（7）熟悉突发事件下的客运组织方法。

建议学时

　　12 学时。

任务 5.1　车站日常运作

车站是乘客乘降、换乘和候车的场所，是乘客进入城市轨道交通系统的节点，因而也是城市轨道交通客运作业的基本单元。每天开始运营前的开站工作、运营结束时的关站工作，以及运营过程中的巡查工作，既是车站必不可少的日常工作，也是城市轨道交通客运作业顺利开展的重要保证，对于城市轨道交通的正常运营有着重要意义。

子任务 5.1.1　车站开启

在车站投入正常运营之前，需要做好准备工作，经检查符合要求后，才能按规定程序开启车站。

1. 开启车站前的准备工作

在车站开启之前，值班站长必须确保：

① 所有站台端门/屏蔽门已完全关闭且妥善锁定，需要通过手控开关（端门后方）试验确定；

② 所有消防设备性能良好；

③ 送电前，接触轨下及其附近没有杂物，接地装置已放回原位；

④ 车站公共区不存在安全隐患；

⑤ 各项设备功能正常。

2. 开启车站的流程

关于车站的开启，不同的城市轨道交通运营企业有不同的规定。虽然开始执行各项工作的时间点会略有不同，执行人也会有所不同，但开启车站的流程基本相同，各项工作的执行人都由值班站长指定。所以，在下面的流程介绍中，不涉及具体操作人，涉及时间时以"××"代替。

（1）首班车到站前××分钟，需完成以下工作：

① 按规定试验道岔；

② 试验开关屏蔽门；

③ 检查站台和线路出清情况，确保所有工程领域或影响车站运营的工作都已撤销，所有物品及人员都已撤离轨道，并向行车调度员汇报。

（2）首班载客列车到站前××分钟，需要完成以下工作：

① 开启车站环控（BAS）系统，并检查其运行情况；

② 确认完成对 TVM 的补币、补票工作；

③ 领取票卡和备用金；

④ 各岗位人员到岗。

（3）首班车到站前××分钟，需要完成以下工作：

① 开启照明；

② 开启 AFC 设备；

③ 全站巡视完毕；

④ 出入口大门、扶梯开启；

⑤ 向乘客广播候车的注意事项。

表 5-1 所示是某城市轨道交通运营企业的开站流程示例，供参考。

表 5-1　开站流程示例

序　号	责任人	工作内容
1	票务员	首班载客列车到站前 45 min 领票，到售票岗位做好开窗准备工作
2	值班站长	首班车到站前 30 min，按规定检查站台和线路出清情况，做好运营前准备工作并报行车调度员
3	值班站长	首班载客列车到达前 20 min，确认环控系统运行情况，开启照明
4	值班站长	首班载客列车到站前 10 min 完成车站巡视，确认出入口、扶梯、AFC、乘客信息系统显示屏等设备已开启

小贴士

开放车站出入口的注意事项

一般情况下，车站出入口必须在首班载客列车到达车站前 10 min 开放。需要时，可提前开放车站出入口，以方便乘客购票，但开放前必须做好一切运营准备工作。在运营时间内，车站出入口必须开放，但以下情况除外：

① 因实施车站管制而有必要暂时关闭车站和车站出入口；

② 发生紧急情况；

③ 获得运营经理授权（必须通知行车调度员）。

子任务 5.1.2　车站巡查

车站巡查是站厅岗站务员和站台安全员日常工作的重要内容之一，它的主要目的是及时查明和消除隐患，避免事故的发生。

车站巡查时，需要定期巡查车站所有公共区。公共区主要包括站台（地面，相关设备，乘客是否在安全线以内候车等）、通道（地面，相关设备，有无乘客在通道内滞留等）、自动扶梯（携带大件行李的乘客、行动不便的老年人等）、垂直电梯（行动不便的特殊乘客）、楼梯升降机（轮椅乘客）、自动人行道等。

1. 巡查规则

车站巡查人员包括值班站长、客运值班员、厅巡员、安全员。各岗位的巡查范围如下：

① 值班站长：设备区、管理用房、站厅、站台、出入口、票务处；

② 客运值班员：票务处、站厅、站台、出入口；

③ 厅巡员：出入口、站厅；

④ 安全员：站台。

各岗位的车站巡视频率如下：

① 值班站长每2 h巡视车站一次，相关情况记录在《故障设备设施跟踪处理表》上，且交接班前必须巡视一次；

② 客运值班员每班巡视4次，相关情况记录在《当班情况登记本》上；

③ 厅巡员每2 h巡视出入口、站厅一次，发现相关情况应立即报车站控制室值班员，由值班员将其发现的问题记录在《当班情况登记本》上；

④ 安全员在接发车间隙来回巡视站台，交接时接岗人员必须先巡视后接岗。

2. 巡查内容

在进行车站巡查时，应重点关注客流状况，搞好乘客管理，尽力消除安全隐患，并做好必要的记录，确保客运工作顺利进行。

1）客流

① 随时关注客流情况，避免因人多拥挤而构成危险。

② 发现有阻碍客流的障碍物时，应迅速将其移去。

③ 在发生紧急情况时，要做好疏散乘客的准备工作，包括广播、通告、应急方案等。

2）安全隐患

① 发现地面有积水、液体、泥泞或其他污渍时，及时清理。

② 雨雪天气时，及时铺设防滑用品及清扫出入口积雪。

③ 当发现湿滑砖面和金属踏板撒有沙粒时，及时清理。

④ 当安全隐患不能彻底消除时，设置适当的防护警示标识。

⑤ 在接触轨停电后，方允许进入轨道区域，例外情况是车站员工获授权处理紧急事宜，但必须穿好绝缘鞋，做好自身防护。

3）乘客

① 防止乘客携带任何危险品、攻击性物品、有害物品或体积过大物品进入车站范围。

② 防止儿童在车站范围内嬉戏。

③ 防止乘客携带可能会导致意外、滋扰其他乘客或损坏公司财物的物品。

④ 防止携带笨重物品的乘客使用垂直电梯和自动电梯，以免构成危险。

⑤ 在停止自动扶梯或自动人行道前，必须确保梯级和踏板上均没有人，在紧急情况

下除外。

4）站 台

① 维持站台秩序，确保候车环境舒适、安全。

② 确保站台设备正常，发生故障及时报修。

③ 提供适当协助，确保列车按运营时刻表规定时间离站；在特殊情况下，协助列车进行事件处理。

④ 对突发事件、屏蔽门故障等非正常情况保持警觉；在车门和屏蔽门即将关上时，劝阻乘客切勿冲击屏蔽门。

⑤ 提高警惕，留意任何事故或异常情况。

> **小贴士**
>
> 站台巡查时，应特别注意以下事项：
>
> ① 注意站台边缘或列车附近是否存在任何隐患，例如乘客扒屏蔽门、乘客站在站台边缘或靠在屏蔽门上、乘客在屏蔽门附近摆放物品；
>
> ② 注意车门、屏蔽门的关闭情况，特别注意是否有乘客被门夹住；
>
> ③ 一旦出现异常情况，及时按动站台上的"紧急停车"按钮（见图5-1）。
>
> 图5-1 "紧急停车"按钮

5）车站房间

① 有关员工必须经常巡查其可进入的车站用房，确保已关闭所有不需要的照明。

② 房内应保持清洁，没有垃圾。

③ 无其他异常情况。

3. 巡查记录

车站当班员工不仅要做好巡查工作，还需要认真填写巡查表，记录巡查的大致情况。表5-2所示为站台巡视记录表的样例。

表5-2 站台巡视记录表

车站： 日期： 检查人：

序 号	检查项目	是否正常工作	问题描述及解决情况
1	自动扶梯		
2	楼梯		
3	垂直电梯		
4	屏蔽门		
5	卫生间		
6	广告板		
7	标识牌		
8	照明		
9	供电		
10	⋮	⋮	⋮

注：①没发生任何异常时在"是否正常工作"栏填写"是"；
②发生异常时在"是否正常工作"栏填写"否"，并在对应行的"问题描述及解决情况"栏如实填写。

子任务5.1.3 车站关站

1. 关站的程序

车站在结束一天的运营之前，需要按规定程序进行关站工作。关站的流程如下：

① 末班车到达前××分钟，值班站长应安排播放末班车广播，检查站厅、站台等岗位情况；站务员应在进站闸机前摆放停止服务告示牌；

② 末班车到达前××分钟，应播放停止售票广播，关闭TVM，并通知停止售票和进站检票工作；值班站长应确认所有TVM、入闸机已关闭；

③ 末班车开出前，值班站长和站务人员应进行检查，确认站台乘客均已上车，向驾驶员展示"末班车手信号"；

④ 末班车开出后，票务员应收拾票、钱，整理备品，注销BOM，回票务室结账；

⑤ 值班站长应与票务员结账；

⑥ 运营结束后，值班站长应清站，确认出入口关闭，扶梯、照明、AFC设备全部关闭。

说明：在上面的关站流程描述中，由于和开站程序一样的原因，在涉及具体的时间时，用"××"代替。

表5-3所示是某车站的关站流程示例，供参考。

表5-3　关站流程示例

序　号	责任人	工作内容
1	值班站长	最后一趟载客列车到达前15 min，到站厅摆放停止服务告示牌
2	值班站长	在上、下行最后一趟载客列车开出前10 min，确认"末班车广播"正在播放
3	值班站长	最后一趟载客列车到达前5 min，确认"停止售票广播"正在播放
4	值班站长	最后一趟载客列车到站后，确认站台乘客均已上车，无异常情况
5	值班站长	确认"关站广播"正在播放
6	票务员	收拾票、钱，整理备品，注销BOM，准备结账
7	值班站长	清站，确认出入口关闭，扶梯、照明、AFC、PIDS显示屏等设备全部关闭
8	值班站长	与票务员结账

2. 关站的注意事项

末班车开车前，值班站长必须确保：

① 换乘站的列车接驳按编定的安排进行，获行车调度员特别指示的情况除外；

② 车站内搭乘有关行车线列车的乘客已登上该末班车；

③ 列车驾驶员收到一切妥当的手信号。

末班车离开后，值班站长必须确保：

① 所有人员必须离开车站范围，不允许非所属站区非当班员工在车站留宿，获授权留下的人员除外，但必须向行车调度员查询该人员是否获授权于非行车时间内留在车站；

② 最后一名乘客离开车站后，必须关闭和锁上所有车站的出入口，防止闲杂人进入；

③ 所有出入口必须在整段非行车时间内关闭；

④ 有关员工或获授权的工作队，必须从指定的出入口进入车站，但开启该出入口需使用其个人获发的钥匙或通行卡，或向获授权的人员借用钥匙或通行卡，进入车站后必须向值班站长报到；

⑤ 没有钥匙的人，要想进站，必须先联系值班站长，经值班站长核实资料，批准其进入后方可进入车站。

小贴士

最后一班载客列车离站前，不得关闭车站，如需临时关闭车站，值班站长必须：

① 通知行车调度员和车站员工；

② 在各出入口展示有关的信息。

任务 5.2　客流与客运

子任务 5.2.1　客流的概念与分类

1. 客流的概念

定义：客流是指在单位时间内，轨道交通线路上乘客流动人数和流动方向的总和。

从客流的概念可以看出，客流既表明了乘客在空间上的位移及其数量，又强调了这种位移带有方向性和具有起讫位置的特点，是一个矢量的概念。

城市的客流来源于人们在城市中实现位移的需求，同时也受其经济条件的制约，是建立在有能力支付交通费用的基础上的。因此，城市交通线路上的客流可以认为是被实现了的城市交通需求。

由于位移是为了满足生产、生活的需要，所以由它派生出来的客流在时间和空间分布上表现出一定的规律性：

① 在时间上，客流按一周内的工作日和双休日、一天内的上下班时间间隔有规律地变化，比如工作日客流就存在早晚客流高峰，而双休日就很少有这个高峰出现；

② 在空间上，客流表现为在出行方向上和线路分布上的不均衡，这是由城市各区域的土地使用和功能不同所决定的，比如上班时间人们从居住区往工厂、学校移动，下班时间的移动方向则相反。

> **小贴士**
>
> 客流是规划城市轨道交通网络、安排工程项目建设顺序、设计车站规模和确定车站设备容量的依据，也是城市轨道交通系统安排运力、编制运输计划、组织行车和分析运营效果的基础。

2. 客流的分类

1）按客流数据的来源分类

按客流数据的来源分，客流分为预测客流和实际客流两大类。

① 预测客流是根据土地利用形态和居民出行现状通过客流预测模型预测出来的客流；

② 实际客流是在现场通过客流调查得出的能反映实际交通状况的客流。

开始规划城市轨道交通线路之前，一般都会根据城市轨道交通现状及发展预期，通过客流预测模型对未来城市轨道交通的客流进行预测，以此作为决策是否需要修建城市轨道交通、修建何种类型的城市轨道交通，以及确定车辆形式、列车编组、行车密度、运行车配置数和站台长度等的基本依据。但通常的情况是，预测客流与实际客流会有一定的出入，表5-4给出了国内几条城市轨道交通线路的预测客流与现状客流的对比。

表5-4　预测客流与现状客流的对比

线　路	现状客流/（万乘次/日）	现状年份	预测客流/（万乘次/日）	误差/%	预测年份
上海1号线	81	2006	94	16.10	2004
上海2号线	49	2005	52	6.10	1998
上海3号线	26.2	2005	115	338.90	1998
上海5号线	5.5	2007	35	536.40	2000
北京13号线	12	2005	37.3	210.80	1999
北京八通线	5	2005	27	440.00	1996
广州1号线	42	2007	76.7	82.60	1990
南京1号线	18	2008	47.4	163.30	1999
深圳一期	23	2003	47.6	107.00	1998
天津滨海线	2.7	2006	12.7	370.4	2001

2）按客流数据的时间分布特征分类

按客流数据的时间分布特征分，客流可分为全日客流、全日分时客流和高峰小时客流。全日客流是指全日的总客流，全日分时客流是指全日各小时的客流，高峰小时客流是指客运高峰的小时客流。

3）按客流的空间分布特征分类

按客流的空间分布特征分，客流可分为车站客流与断面客流。

（1）车站客流

车站客流是指在城市轨道交通车站上下车和换乘的客流，包括全日、高峰小时和超高峰期在城市轨道交通车站上下车和换乘的客流量，以及经由不同出入口、收费区的进出站客流量和不同方向的换乘客流量。

> **小贴士**
>
> 超高峰期是指在高峰小时内存在的一个15~20 min的上下车客流特别集中的时间段。

（2）断面客流

断面客流是指通过轨道交通线路各区间的客流。在单位时间内，通过轨道交通线路某一断面的客流量称为断面客流量。断面客流量分为上行断面客流量和下行断面客流量。

断面客流中的单位时间通常是指一小时或　日。当时间单位是一日时，则为全日客流。当时间单位是小时时，通常存在以下两个重要概念：

① 最大断面客流量：单位时间内通过城市轨道交通同一条线路各个断面的客流通常是不相等的，其中的峰值称为最大断面客流量。

② 高峰小时最大断面客流量：在以小时为时间单位计算断面客流量的情况下，全日分时最大断面客流量一般是不相等的，其中的峰值称为高峰小时最大断面客流量。

> **小贴士**
>
> 　城市轨道交通的高峰小时一般出现在早晨和傍晚，分别称为早高峰小时和晚高峰小时。高峰小时最大断面客流量是行车组织和车站设备容量确定的一项基础资料；车站高峰小时和超高峰期客流量决定了车站的设计规模，是确定站台、售检票设备、自动扶梯、楼梯、通道、出入口等车站设备容量或能力的基本依据，如站台宽度、售检票机数量、楼梯与通道宽度等。

子任务5.2.2　客流的影响因素

1. 轨道交通沿线土地利用情况

轨道交通沿线土地利用情况与客流的关系是"源"与"流"的关系。轨道交通沿线土地利用状况对轨道交通客流规模存在举足轻重的影响，如果轨道交通线路行经的区域能将城市的主要居住区和商务区覆盖，那么其客流就有了基础的保障。

> **小贴士**
>
> 　在香港，大约50%的居民和约55%的职业岗位距离轨道交通车站约10 min的步行距离，强有力的客流支撑是其获得收益、成功运营的一个重要原因。

2. 城市布局发展模式

城市布局发展模式对城市轨道交通客流量有着重要的影响。在城市由单中心布局发展到单中心加卫星城镇布局，又进一步发展到多中心布局的过程中，通常伴随着客流的大幅增加，这主要是因为城市多中心化布局促进了出行需要。

> **小贴士**
>
> 　1997年，上海轨道交通1号线火车站—莘庄段贯通运营，但1997年、1998年的

客流增长幅度并不大，主要原因是 1 号线锦江乐园至莘庄段沿线地区的房地产开发刚刚开始。2000 年以后，新建住宅区住户逐渐增多，商业、餐饮业也发展起来，1 号线客流也随之快速增长，2001 年的客流增长率率达到 38.1%，远远高于 2000 年的客流增长率 0.5%。

3. 城市人口规模与出行率

城市轨道交通的客流量与城市人口规模及其出行率存在密切的关系。在考虑人口规模、出行率对城市轨道交通客流量的影响时，除了常住人口、暂住人口和流动人口的数量外，还应考虑人口的年龄、职业、出行目的、居住区域等特征。

📖 知识链接

不同人群的出行率

不同人群的出行率存在差异，具体表现如下：

常住人口中：

① 中青年人群的出行率高于幼年与老年人群的出行率；

② 上班、上学人群的出行率高于退休人群的出行率；

③ 城区人口的出行率高于郊区人口的出行率。

暂住人口、流动人口中：

① 旅游人群的出行率高于民工人群的出行率；

② 流动人口的出行率高于常住人口的出行率。

4. 票价

票价与市民的消费能力与收入水平直接相关，由于城市轨道交通的客源主要来自中、低收入人群，而中、低收入人群对票价变动比较敏感，所以高票价对客流的吸引最为不利。当城市轨道交通票价支出占收入水平的比例超过这类人群的心理承受能力时，选择城市轨道交通方式出行的客流量就会下降。

🔊 小贴士

北京地铁票价的每次上涨都会导致其客流量的下降。1987—1995 年间，北京地铁票价为 0.5 元，客运量增长较快，年增长率一般在 4%～15%。1996 年 1 月，地铁票价由 0.5 元调整为 2 元，当年的客运量减少 1.18 亿人次，平均每天减少乘客 32.3 万人次，降幅为 21%。1999 年 12 月，地铁票价由 2 元调整为 3 元，2000 年的客运量又减少了 6 000 万人次，平均每天减少乘客 16.4 万人次，降幅为 12.2%。2000 年到 2004 年间北京地铁票价一直维持在 3 元，其客运量没有明显增长，2003 年的客运量与 1999 年相当。

5. 服务水平

随着市民收入水平的提高，可选择的出行方式也逐渐增多。城市轨道交通的安全性、舒适性、经济性、换乘便利性及列车的运行间隔、运送速度、正点率等也逐渐成为市民选择出行方式时考虑的因素。城市轨道交通运营企业的服务水平已成为影响客流及潜在客运需求的关键因素。

6. 政府的交通运输政策

为应对交通拥堵的城市问题，大多数大中型城市都在推行"以公共交通为主、个体交通为辅"的交通运输政策。而要实现这一交通运输政策，首先是加快公共交通设施的建设，如提高轨道交通线网的密度、建成大型换乘枢纽等；其次是优化现有交通资源的利用，如完善轨道交通与常规公交、自行车、私人汽车的衔接换乘，减少与轨道交通线路走向重复的常规公交线路等。

> **小贴士**
>
> 2001 年，上海因打浦路过江隧道能力饱和，取消了几条经隧道开往浦东的常规公交线路。为引导乘客乘坐轨道交通 2 号线过江，推出了在黄浦江两侧乘坐地铁 4 站以内，优惠票价为 1 元的调控措施，2 号线客流很快得到大幅度的增加。

7. 交通网的规模与布局

多层次的轨道交通线网、合理的线路布局及走向和功能完善的换乘枢纽对实现城市中心区域 45 min 交通圈、增大轨道交通对出行者的吸引力、提高轨道交通在公共交通中的运量分担比例有着重要的作用。

> **小贴士**
>
> 2002 年以前，北京的轨道交通运营线路只有 1 号线和 2 号线，1995 年达到最大年客

运量5.58亿人次。自2002年13号线投入运营、2003年八通线投入运营后，年客流量稳步增长，尤其在2007年5号线开通和2008年10号线一期、8号线一期、机场线相继开通后，全线网年客流量急剧上升，2008年全线网运送乘客突破12亿人次，比2007年提高了75%以上。

8. 私人交通工具的拥有量

在客运需求一定的情况下，利用私人交通工具出行的人数越多，则通过公共交通出行的人数就越少。但从优化出行方式结构、提高公共交通的客运比例的角度出发，对私人汽车的使用应通过经济杠杆进行适度控制，鼓励并创造条件让私人汽车使用者以停车–换乘方式进入城市中心区。

子任务5.2.3 城市轨道交通的客流特征

车站是乘客出行的基地，乘客上下车、换乘车都是在车站进行的，因而车站也是客流的节点。城市轨道交通的客流构成与特点是客流组织与运营的重点和难点，了解城市轨道交通的客流特征，对城市轨道交通的客流组织非常重要。

1. 高集中性

城市轨道交通的客流是由车站周边的各种出行方式集合形成的，包括步行、自行车、公交车、私家汽车、出租车等多种交通方式接驳而产生的客流，具有高度集中性。

换乘站除具有普通车站的进出站客流之外，还汇集有相交线路多座车站之间的换乘客流，由此造成换乘站客流集中，导致换乘站客流量往往是普通车站客流量的数倍，具有更高的集中性。

2. 多方向性中带有主导性

普通车站的客流包括进站客流和出站客流，换乘站除进出站客流外还有换乘客流。由于进站客流、出站客流与换乘客流具有不同的出行目的、出行方向，因此车站中的客流具有明显的方向性。

在多方向性客流中，客流方向又具有明显的主导性。例如，连接城郊大型居住区与市中心的线路，早高峰时段的进站客流明显高于出站客流，晚高峰时段的出站客流明显高于进站客流。在换乘站的客流构成中，通常换乘客流占主导地位，在一次抽样调查中发现北京16座换乘站的换乘客流约为进站客流的4倍，而且在换乘站的多种换乘方式中同样也存在主导性的换乘方向。

3. 空间分布不均衡性

客流的空间分布不均衡性，主要表现在以下几个方面。

1）各条线路的客流不均衡性

对于有多条线路的城市轨道交通系统，各条线路的客流不均衡性主要体现在现状客流分布不均衡和客流增长不均衡两个方面。途经繁华地段的线路，客运量相对较大；途经欠发达地区的线路，则客流量相对较小。线路的客流不均衡，构成了整个城市轨道交通线网客流分布的不均衡。

2）同一车站上下行方向的客流不均衡性

在城市轨道交通线路上，由于客流的流向原因，上下行方向的客流量通常是不相等的，示例如图 5-2 所示。在放射状的轨道交通线路上，早高峰和晚高峰时段的上下行方向客流不均衡尤为明显，这种不均衡性通常导致同一车站进出站高峰小时不同。

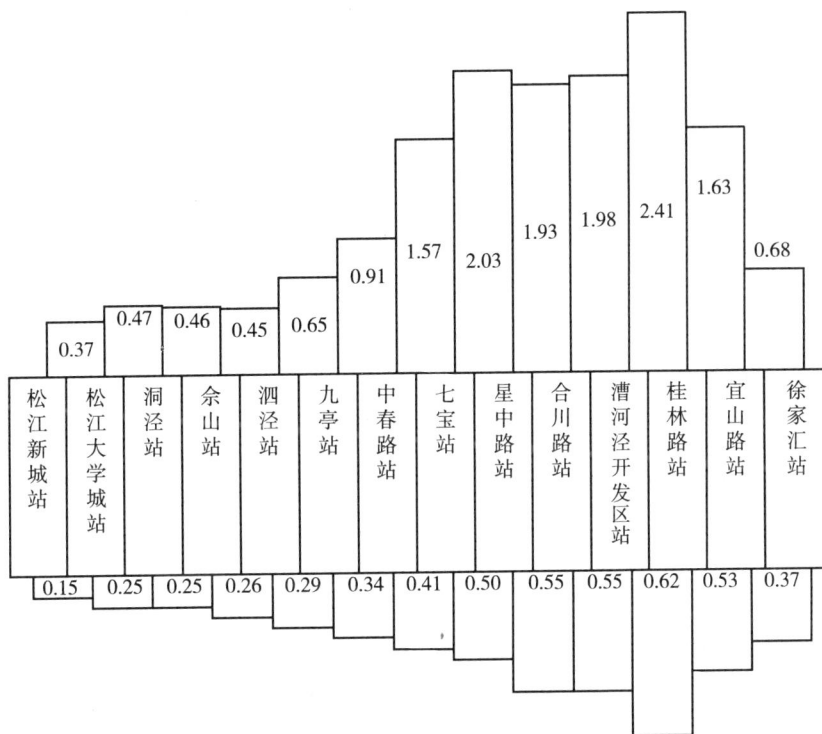

图 5-2　上海轨道交通 9 号线 2008 年早高峰小时断面客流图

3）同一线路各个断面的客流不均衡性

在同一城市轨道交通线路上，各车站上下车人数是不相等的，因此列车经过各断面时的客运量也是不相等的，示例如图 5-3 所示。

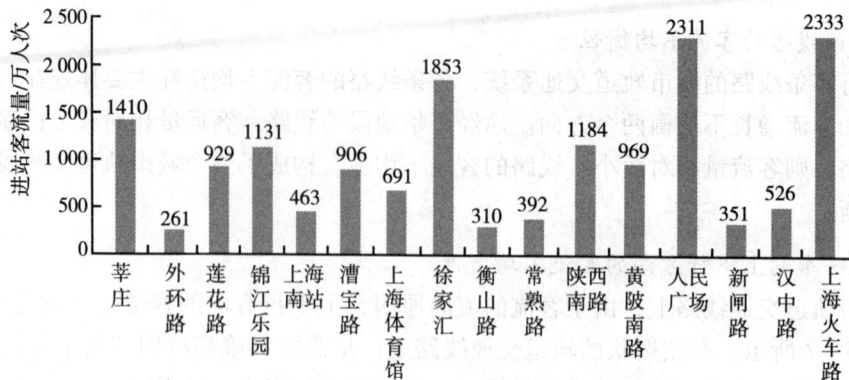

图 5 - 3　上海轨道交通 1 号线 2002 年各站进站客流

　　在不少线路上，各个车站的乘降人数不均衡现象很常见，个别线路各车站乘降量总和的大部分往往是集中在少数几个车站。当新的居民住宅区形成规模和新的轨道交通线路投入运营时，也会使车站乘降量发生较大的变化，从而带来不均衡的加剧或产生新的不均衡。客流的断面不均衡性主要有以下 4 种类型。

　　①"凸"型：各断面客流量以中间几个断面数值为最高，如图 5 - 4 所示。

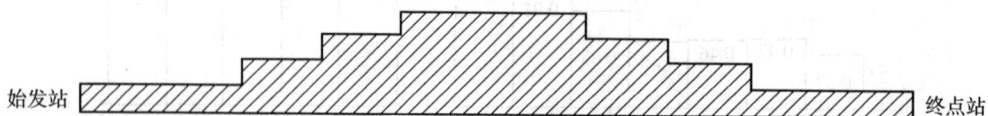

图 5 - 4　"凸"型断面客流

　　②"平"型：各断面客流量很接近，客流强度几乎在同一个水平，如图 5 - 5 所示。

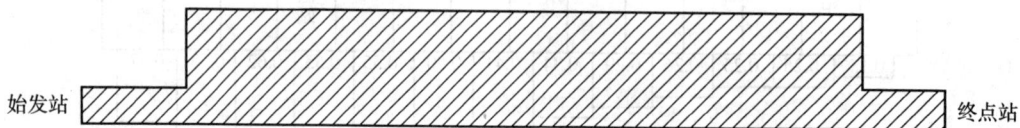

图 5 - 5　"平"型断面客流

　　③"斜"型：线路上每个断面的客流量由大至小逐渐减少，如图 5 - 6 所示。

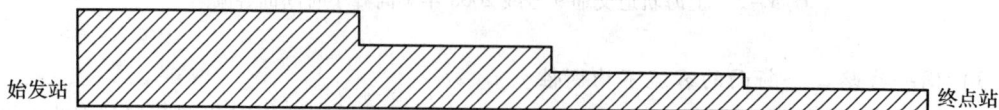

图 5 - 6　"斜"型断面客流

　　④"凹"型：与"凸"型断面的客流量动态特点正好相反，中间几个断面的客流量低于两端断面的客流量，如图 5 - 7 所示。

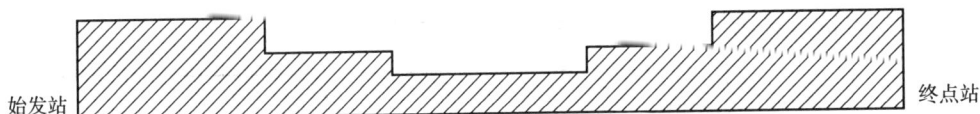

图 5 - 7　"凹"型断面客流

4）客流的时间分布不均衡性

客流的时间分布不均衡性主要体现在以下几个方面。

（1）一日内小时客流的不均衡性

小时客流随人们的生活节奏和出行特点而变化，通常呈现以下规律：夜间少，早晨渐增，上班和上学时达到高峰，午间稍减，傍晚因下班和放学又达高峰，此后逐渐减少，午夜最少。这种规律在国内外的城市交通线路上几乎都是一样的，只是程度不同而已。图 5 - 8 所示是模拟计算的某城市轨道交通车站的全日客流分布规律。

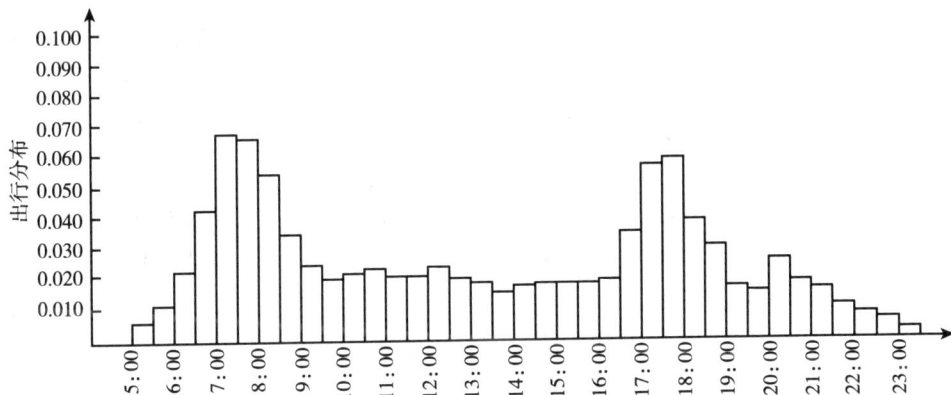

图 5 - 8　客流全日分布规律

（2）一周内全日客流的不均衡性

由于人们的工作与休息是以周为周期循环进行的，这种活动规律性必然要反映到一周内各日客流的变化上来。在以通勤、通学客流为主的城市轨道交通线路上，双休日的客流会有所减少，如图 5 - 9 所示；而在连接商业网点、旅游景点的城市轨道交通线路上，双休日的客流又往往会有所增加。另外，星期一与节假日后的早高峰小时客流和星期五与节假日前的晚高峰小时客流，都会比其他工作日早、晚高峰小时客流大。

（3）季节性客流的不均衡性

在一年内，客流存在季节性的变化。例如，在旅游旺季，城市中流动人口增加，会使城市轨道交通线路的客流增加。对季节性的客流变化，通常会出现短期性客流激增的情况。

（4）短期内客流的不均衡性

在举办重大活动或遇天气骤然变化的时候，会出现客流在短时间内骤增后归于正常的情况，这种突发性的大客流是对城市轨道交通的客运能力的极大考验。

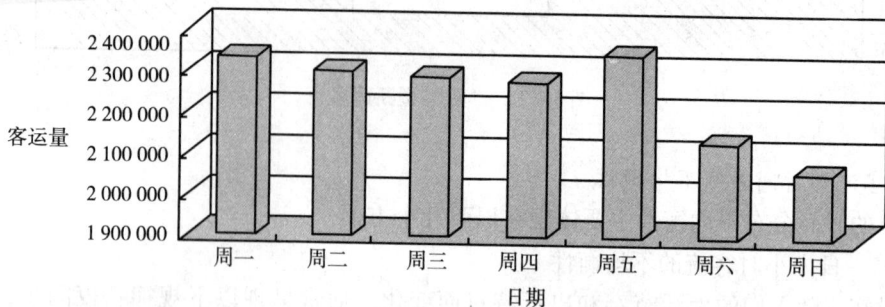

图 5-9 一周内全日客流的不均衡

> **小贴士**
>
> 当客流在短期内增加幅度较大时，运营部门应临时调整运营计划，并针对某些作业组织环节、某些设备的运用方案采取应急调整措施，以适应运输需求。

5）客流的短时冲击性

城市轨道交通的客流分布是不均衡的，它随着列车的到站、离站表现出脉冲式的分布规律，尤其在换乘站，会在短时间内对换乘设施产生冲击作用。由于短时冲击的存在，使得一批客流到达时，易在设施前形成拥堵和客流排队，当拥堵人数较多时，将会带来较大的安全隐患。因此，这种冲击作用形成对换乘能力的最大考验。

子任务 5.2.4 城市轨道交通的客流日变化规律

不同的时间，不同的地点，车站的客流是不同的。城市轨道交通车站的客流量在一天中会呈现不同的变化规律，常见的几种形式如下。

1. 单峰型

单峰型车站的全日上下行客流分布如图 5-10 所示。具有这类客流分布特征的车站，其所在城市轨道交通线路具有交通走廊的明显的潮汐特征，或车站周边地区用地功能性质单一，车站客流分布集中，有早晚错开的一个上车高峰和一个下车高峰。例如，连接居民区与工业区之间的交通走廊，各车站通常只在上、下班时段单向乘客较多，其他时间乘客稀少，表现出明显的单峰特征。

2. 双峰型

双峰型车站的全日上下行客流分布如图 5-11 所示。具有这类客流分布特征的车站，通常位于综合功能用地区位，双向客流分布均匀，有两个配对的早晚上下车高峰。

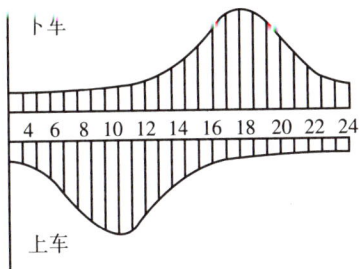

图 5-10　单峰型

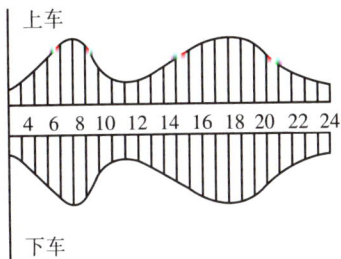

图 5-11　双峰型

3. 全峰型

全峰型车站的全日上下行客流分布如图 5-12 所示。具有这类客流分布特征的车站，其所在城市轨道交通线路通常位于用地已高度开发的交通走廊，或车站位于公共建筑和公用设施高度集中的 CBD 地区，客流分布无明显的低谷，双向上下行客流全天都很大。

4. 突峰型

突峰型车站的全日上下行客流分布如图 5-13 所示。具有这类客流分布特征的车站，通常位于体育场、影剧院等大型公用设施附近，演出或比赛结束时，有一个持续时间较短的突变的上车高峰。

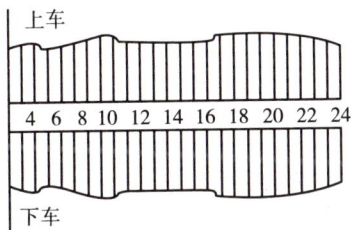

图 5-12　全峰型

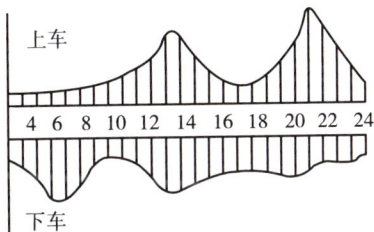

图 5-13　突峰型

5. 无峰型

无峰型车站的全日上下行客流分布如图 5-14 所示。具有这类客流分布特征的车站，分两种情况，一种是城市轨道交通本身的运能比较小，另一种是车站位于用地还没有完全开发的地区，客流无明显的上下车高峰，双向上下行客流全天都较小。

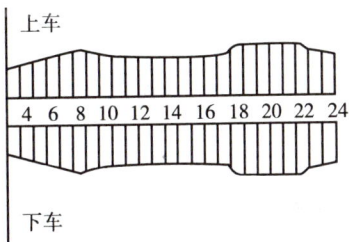

图 5-14　无峰型

子任务 5.2.5 客流对客运的影响

1. 对城市轨道交通线路布局的影响

城市轨道交通车站应布设在主要客流集散点和各种交通枢纽点上，其位置应有利于乘客集散，并应方便与其他交通工具换乘。

一般来说，在市中心区等客流较为密集的地方，车站间距应小一点，而在外围区等客流相对稀疏的地方，车站间距可以大一点。一般中心区的车站间距一般在 1 km 左右，外围区的车站间距可达 1.5 ~ 2 km。在超长线路上，一般都会适当加大车站间距。

想一想：仔细观察如图 5 - 15 所示的郑州地铁线路规划图，回答以下问题：

① 从车站分布可以看出哪里是中心区，哪里是外围区吗？

③ 为什么车站在线路上的布置不是等间距的？

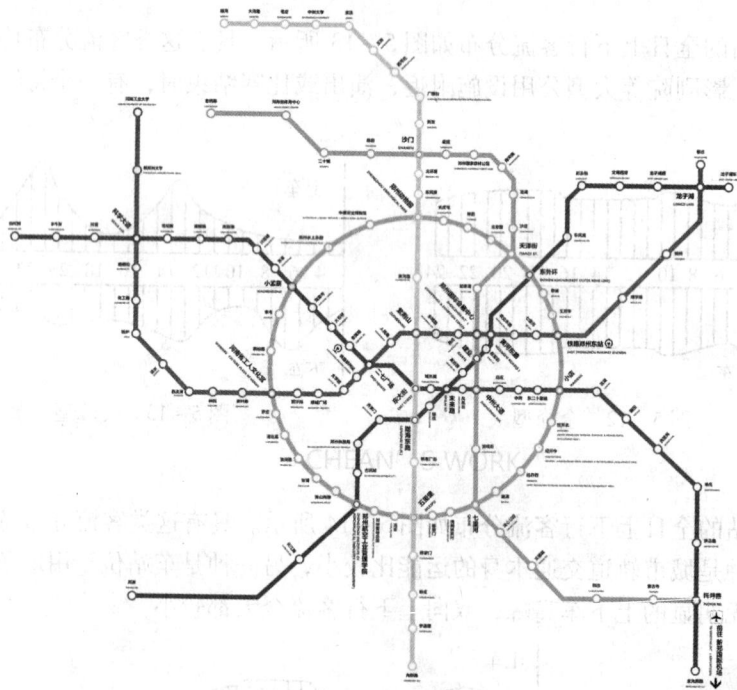

图 5 - 15　郑州地铁线路规划图

2. 对列车编组的影响

当城市轨道交通的线路和车站确定后，应根据客流预测结果确定其车辆编组方式。客流与车型、车辆编组的关系如表 5 - 4 所示。

表 5-4　客流与车型、车辆编组的关系

车型	编组	列车载客量/人	断面客流量/（万人次/h）
A 型	4 辆	1 240	3.72
	6 辆	1 860	5.58
	8 辆	2 480	7.44
B 型	4 辆	950	2.85
	6 辆	1 195	3.59
	8 辆	1 440	4.32
C 型	4 辆	610	1.83
	6 辆	820	2.46
	8 辆	1 030	3.09

3. 对车站的影响

客流对车站的影响，在规划阶段主要体现在对车站布局、站台长度和售检票设备数量的影响，在运营阶段的影响主要体现在车站要根据客流特征安排行车方案，组织乘客乘降。

① 对出入口数量的影响。现行《地铁设计规范》（GB 50157—2013）规定：车站出入口的数量，应根据客流需要与疏散要求设置，浅埋车站不宜少于 4 个出入口。当分期修建时，初期不得少于 2 个出入口。小站的出入口数量可酌减，但不得少于 2 个。

② 对站台长度的影响。车站站台的有效长度一般按车辆的编组长度加上车辆停靠的误差来决定。例如，对于 A 型车 4 辆编组的列车，其站台长度最少应为 93 m。对于远期列车编组在 6~8 辆的轨道交通系统，站台长度一般在 130~180 m 之间。

③ 对售检票设备的影响。售检票设备的设置应与车站规模大小配备，既要方便乘客进出车站，又要考虑设备的利用率。售检票设备的数量主要由客流量决定，例如车站需要配备自动售票机的数量由下式计算：

售票机数量 =（高峰小时使用售票机的人数/售票机的每小时售票能力）×超高峰系数

任务 5.3　车站客运组织

车站是乘客进出城市轨道交通系统的场所，也是城市轨道交通系统对乘客服务的窗口，车站的客运作业直接面向乘客，其客流组织水平、客运服务质量直接关系到市民对城市轨道交通的满意程度，也反映了城市轨道交通运营企业的管理水平。

子任务 5.3.1　车站客运组织基本原则

客运组织应以"保持客流运送过程畅通，尽量减少乘客出行时间，避免拥挤，便于大客流发生时及时疏散"为目的。在进行客运组织时，应遵循以下原则：

① 客运组织管理工作要与行车组织、线网规划相匹配，以方便乘客为原则；

② 车站客流组织应有序、可控；

③ 乘客购票、进出闸机顺畅，均匀候车；

④ 尽量减少客流交叉、对流，进站客流与出站客流不交叉，进出站客流与换乘客流分开设计；

⑤ 合理安排售检票位置、楼梯及电梯，使乘客在站内移动线路简单、明确，尽量最大限度地缩减乘客走行距离；

⑥ 车站出入口设置应方便乘客换乘其他交通工具；

⑦ 快速分流，减少客流集聚和过分拥挤现象；

⑧ 满足换乘客流的方便性、安全性、舒适性等基本要求，对残疾人专门设计无障碍通道。

子任务5.3.2 车站客运组织基本要求

1. 站容整洁

在客运组织工作中，在"站容整洁"方面的要求如下：

① 车站内外应明亮、整洁；

② 车站内各种设施设备要摆放整齐、有序；

③ 站台、站厅、通道及出入口墙壁应光洁，地面无痰迹和废物；

④ 卫生间应清洁、卫生。

2. 导向标识清晰、完备

在客运组织工作中，要求车站内外应有清晰、完备的导向标识系统，为乘客全过程、不中断地提供导向信息，具体要求如下：

① 车站外应有明显标识引导乘客进站，在车站出入口应设置醒目的城市轨道交通标识；

② 乘客进站后应有指示客服中心、进站方向、紧急出口等方向的引导标识；

③ 在站台应设置指示列车运行方向、换乘方向的导向标识。

此外，还应设置警示性和服务性导向标识，如城市轨道交通运营线路图、列车运营时刻表、票价信息、卫生间、公用电话、车站周边公交线路与公共设施指南等。

3. 优质服务

在客运管理工作中，应为乘客提供优质服务，具体要求如下：

① 客运服务人员应遵守职业道德，礼貌且规范地为乘客提供服务；

② 对老、弱、病、残、孕等需要帮助的乘客应主动、热情地提供协助，耐心、正确地回答乘客提出的问询，帮助乘客解决疑难问题；

③ 应经常征询乘客的意见，及时完善服务细节，不断提高客运服务水平。

4. 遵章守纪

在客运管理工作中，对客运服务人员的要求如下：

① 客运服务人员应认真执行各项客运规章制度，服从命令，听从指挥；

② 执行客运任务时，客运服务人员应按规定着装并佩戴标志，仪表整洁，体现良好的精神风貌。

5. 掌握客流规律

城市轨道交通客运部门应分析客流统计资料，掌握车站客流在时间、空间上的分布与变化规律，对可预见的大客流做好充分的准备工作，及时应对。

6. 与其他部门紧密配合

客运作业人员应与控制中心（OCC）、客车驾驶员、故障维修部门、公安部门、消防部门等有关部门加强联系，密切配合，协同工作，确保行车安全与乘客安全。

子任务 5.3.3　车站日常客运组织

城市轨道交通的客运组织工作主要在车站完成。尽管不同类型车站的客运组织内容有着较大的区别，比如中小车站的客运组织比较简单，而大车站、换乘站因客流较大、客流方向比较复杂，其客运组织也比较复杂。但不管是高架车站、地面车站还是地下车站，进站乘客最基本的流线是一样的：购票—过检票闸机—通过楼梯或电梯去站台（侧式站台地面站一侧的乘客可直接进入站台）—乘车，如图 5 - 16 所示。

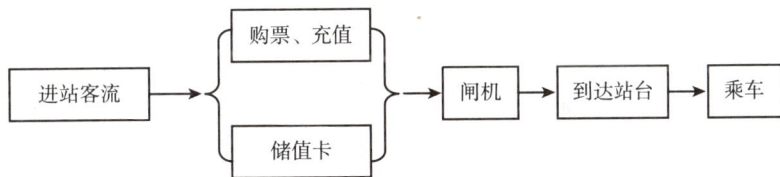

图 5 - 16　乘客进站流程

如果不考虑换乘因素，乘客的出站流程则与进站流程完全相反，如图 5 - 17 所示。

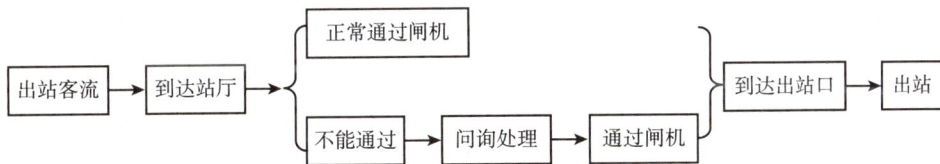

图 5 - 17　乘客出站流程

换乘站的换乘线路，取决于换乘线路的走向和相互交织形式，常见的换乘方式有付费区换乘和非付费区换乘。不管是哪种换乘方式，乘客从一条线路下车后，都需要沿着换乘线路，移动到另一条线路的乘车站台，区别在于前者的换乘线路一直在付费区，后者的换乘线路需要从付费区到非付费区再到付费区，如图5-18所示。

从图5-16~图5-18可以看出，城市轨道交通车站的日常客运组织，应把握好购票、进闸、乘车三个环节。因此，车站的日常客运组织工作主要包括客流组织、售检票作业组织、站台作业组织。

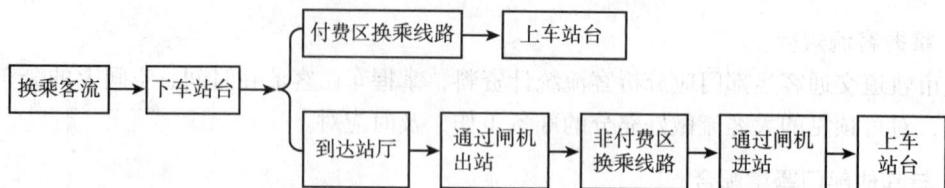

图5-18　乘客在换乘站的换乘流程

1. 客流组织

1）车站的客流组织原则

在车站开展客流组织工作时，应按照乘客进出车站的流程，以人为本，以"满足客流要求、乘降安全、疏导迅速"为基本原则。组织人流路线时，应重点把握以下几个原则：

① 进、出站客流路线及换乘客流尽量减少交叉和相互干扰；

② 车站的出入口、通道、站厅、站台等公共区域应保证客流的畅通、有序，满足乘客进站、购票、验票、候车、乘车、出站的条件；

③ 坚持"客流秩序可控、疏散有力"的原则，确定客流警戒线，密切关注客流变化情况，当客流达到或超过警戒线时，及时采取限流措施，保证乘客秩序和客流安全；

④ 车站要以"安全、便利、舒适、文明地为乘客服务"为宗旨，合理使用客运设备设施，合理组织客流，保证乘客进站方便、出站迅速，为乘客提供便利的服务。

2）车站的客流组织

车站的日常客流组织工作主要包括进站客流组织、出站客流组织、换乘客流组织三部分。

（1）进站客流组织

进站客流应按照进站客流的路线流程进行组织，主要有以下几种组织方式：

① 组织引导客流经出入口、楼梯、自动扶梯（或垂直电梯），通过通道进入车站站厅层非付费区；

② 组织引导需要购票的乘客在自动售票机、客服中心或临时售票亭购票，通过进站闸机检票进入付费区；引导持储值票、月票等不用购票的乘客直接通过进站闸机检票进入付费区；

③ 乘客经检票进入站厅付费区后，组织引导乘客再通过楼梯、自动扶梯（或垂直电梯）进入站台层候车；

④ 乘客到达站台层后，应组织引导乘客站在黄色安全线内候车，通过导向标识和乘客信息系统选择乘车方向和了解列车到发时刻；

⑤ 列车到站停稳开门后，引导乘客按先下后上的顺序乘车，站台工作人员要注意做好引导工作，防止乘客因抢上抢下而导致安全问题或引发纠纷。

（2）出站客流组织

出站客流应按照出站客流的流动过程进行客流组织，主要有下列几种方式：

① 乘客下车到达车站站台区后，组织引导其经楼梯、自动扶梯（或垂直电梯）进入站厅层付费区；

② 通过出站闸机（单程票出闸时将被收回）或人工验票，乘客进入站厅层非付费区，此时要组织引导乘客（通过导向标识）找到相应的出站口出站。

③ 组织引导车票金额不足或无票乘车的乘客到客服中心办理相关补票事宜，然后引导其出站。

（3）换乘客流组织

换乘客流的组织应采取引导标识和分隔控制的设施来保证换乘客流不会与进站或出站的客流产生交汇。换乘车站客流进站后，应有清晰的标识引导乘客进入目标线路的付费区，再进入站台候车。

按照换乘地点的不同，换乘形式主要有两种，即付费区换乘和非付费区换乘。

① 付费区换乘。乘客到达换乘站下车后，不需要通过出站闸机，直接在付费区内根据换乘导向标识指引，经楼梯、自动扶梯（或垂直电梯）、换乘通道或平台到达另一站台层换乘候车。

> **小贴士**
>
> 　　付费区换乘一般包括同站台平面换乘、站台立体换乘及通道换乘。这种换乘组织要求有良好的引导标识和通道设计，在容易走错方向的地点安排工作人员值守引导，保证乘客尤其是初乘者安全顺利地完成换乘。

② 非付费区换乘。乘客到达换乘站下车后，根据换乘导向标识指引，经楼梯、自动扶梯（或垂直电梯）到达站厅层付费区，通过出站闸机进入非付费区或出站，到另一线路重新进入付费区或进站进行换乘。

> **小贴士**
>
> 　　这种换乘方式需要最大限度地缩短乘客的走行距离，需要设计良好的衔接引导标识，并且要避免换乘客流与其他进出站客流的交叉干扰。

2. 售检票作业组织

城市轨道交通的售检票作业，主要有传统的人工售检票和先进的自动售检票两种，如图 5-19 所示。人工售检票速度慢，并且需要配备较多的售检票人员。自动售检票速度快，不仅能减少售检票人员数量，而且还能准确地统计票务、收入和客流信息。

(a) 人工售票　　　　　　　　　　　　(b) 自动售票

图 5-19　人工售票与自动售票

1）售票作业组织

售票作业主要是根据城市轨道交通的票务政策，按照既定售票作业方式，借助售票设备，组织票务人员，共同完成乘客售票工作。

① 对于启用自动售检票系统的车站，乘客可选用半自动售票机或自动售票机购票。车站可利用导流带等设施对窗口购票乘客进行排队组织，也可宣传疏导乘客到自动售票机处购票。必要时，可使用空闲的半自动售票机预制车票，提高售票速度，减少排队长度。

② 在自动售票机前组织乘客购票时，要充分利用售票机具，分散购票，避免乘客大量集中于少量机具处排队购票。

③ 在进行乘客购票组织时，应特别注意团体出行的人群。此人群在购票时，一般由一人购票，其同行人在一旁等待，车站要尽量能组织同行人到不影响乘客通行的位置等待购票。

小贴士

为提高票务作业效率，应强化售票人员的业务培训工作，使票务员熟练掌握票务工作的各项规章制度，熟练识别假币，提高售检票作业技能。票务员配置数量应满足高峰时段客流要求，以减少乘客购票的排队时间，方便乘客购票乘车。

2）检票作业组织

检票作业是根据城市轨道交通的检票作业方式，运用检票设施设备，组织票务人员对进站乘客和出站乘客进行车票验证。

进行检票作业时，要根据客流的需要，合理配置足够数量的检票人员和检票设备。由于乘客进出站时都需要检票，为使站内客流最小化，应坚持"出站优于进站"的原则进行检票作业。

① 进站检票时，应组织乘客由进站闸机进站，提示乘客注意进站闸机上方均显示绿色箭头（见图5-20）。乘客刷卡进站时，应指导乘客右手持票，站在闸机通道外，顺序刷卡进站。对于无票乘客，引导其至自动售票机或半自动售票机处购票后再检票进站。当大量乘客集中进站时，要组织乘客排队，而且进站乘客队伍不能阻挡出站通道和路径，以确保出站乘客能够顺利出站。

图5-20　检票进站

② 出站检票时，应组织乘客由上方显示绿色箭头的出站闸机出站。当乘客使用一卡通时，指导乘客右手持卡，在闸机通道外，刷卡出站。当乘客使用一票通时，指导乘客右手持票，将车票投入回收口，验票通过。当大量乘客集中出站时，要组织乘客有序出站。对于持无效票或因储值卡余额不足无法出站的乘客，应引导其到票务室，按照票务要求对票卡进行查验和处理。

③ 对于持有大件行李或行动不便的乘客，引导其由宽通道通过。对于携带儿童的乘客，应指导儿童先于成人进入闸机通道，当乘客刷卡或投票使闸机开启后，提醒乘客快速通过闸机，避免闸机延时自动关闭而乘客无法进出站的现象。

> **小贴士**
>
> 　　城市轨道交通车站的闸机分为进站闸机、出站闸机和双向闸机。进站闸机和出站闸机按照设计方向使用。双向闸机可根据客流状况进行调整，调整时应优先满足出站客流需求，同时尽量减少进出站客流的交叉，提高通行能力。

3. 站台作业组织

站台客运乘降作业对维持列车正常运行秩序、充分利用线路通过能力，以及确保乘客安全等都有密切的关系。站务员要熟练掌握并遵守站台岗位的各项规章制度，在接发列车作业中加强对乘客的宣传、组织和疏导，遇到突发事件时应采取措施，及时处理，及时报告。

站台作业的主要内容是接发列车、维持站台候车秩序，组织乘客安全乘降，确保列车运行安全，具体工作如下。

① 维持站台乘客候车和乘降秩序，应提醒乘客"请站在安全线以内候车，不要探身瞭望，以免发生危险"，站台候车安全线如图 5-21 所示。对于有屏蔽门的车站，要防止乘客倚靠或手扶屏蔽门，不要用行李阻挡安全门，避免屏蔽门开启时乘客被夹伤或摔倒。遇有危及行车和乘客安全的险情时，应立即采取安全措施，确保行车和乘客安全。

图 5-21　站台候车安全线

② 列车到达前，应向乘客说明列车去向，组织乘客尽可能在站台上均匀分布候车，以缩短列车停站时间。

③ 列车到达后，提醒乘客先下后上，并疏导下车乘客迅速出站。当关门提示铃响后，应阻止乘客抢上，请其等待下次列车，防止车门夹伤乘客和影响列车正点发车。

④ 列车到达终点站后，要及时做好清客工作，严禁列车带客进入折返线或车辆段。因特殊原因需在中间站临时清客时，要做好宣传解释工作，迅速清客。

⑤ 当遇屏蔽门故障时，应按相关作业办理程序进行处置。

📖 **知识链接**

站台岗站务员岗位服务技巧

站台岗站务员进行客运服务时，需要"三多""四到"。

"三多"是：

① 多巡：沿安全线内侧来回巡视乘客和线路，自己不越过安全线。

② 多看：多观察设备和乘客动态，及时处理异常情况。

③ 多提醒：主动提醒乘客看管好物品、小孩，不要拥挤，到人少的一端候车，先下后上。

"四到"是：

① 心到：精神高度集中，随时应变异常；

② 话到：提醒乘客按排队箭头候车，不要越出安全线，礼貌疏导客流，向违章乘客解释规定；

③ 眼到：密切注视乘客情况及列车运行状态；

④ 手到：遇到地面有水，及时设置"小心地滑"牌，设备故障放"暂停服务"牌，地面脏时及时通知保洁清洁。

4. 清客作业组织

定义：清客是指由于列车不再进行客运业务（列车折返、回场或在特殊情况下），需将乘客清离列车的过程。

清客分正常情况下清客和非正常情况下清客两种。正常运营情况下，当列车运行至终点站，需要折返或回段时，须让全部乘客下车，此时就需要进行正常情况下的清客作业。当由于信号、车辆、电力、轨道和自然灾害等突发事件，列车无法继续担任客运业务，需要全部乘客下车时所做的清客作业，为非正常情况下的清客作业。本节介绍正常情况下终点站的清客作业，非正常情况下的清客作业在任务5.5中介绍。

1）清客工作人员

当客车到达终点站需要清客时，主要有以下人员参与清客作业：

① 客车司机；

② 站务员。

2）清客模式与清客程序

清客模式有两种：两站务员一司机三人清客模式，一站务员一司机两人清客模式。具体采用哪种模式，与终点站的站台形式、行车间隔和折返时间有关。具体清客程序如下：

① 司机负责前两节车厢的清客；

② 站务员负责后几节车厢的清客；

③ 站务员完成清客后，向司机进行手信号显示；

④ 司机确认后关门发车。

任务 5.4　大客流客运组织

大客流是指车站或车站的某一部位，在某一时段客流集中到达，其客流量超过车站现有客运设施或客运组织措施所能承担的流量时的客流。图 5 – 22 所示是某车站站台区大客流候车现场。

图 5 – 22　大客流候车现场

子任务 5.4.1　大客流的分类

车站客流是否构成大客流，是通过与本站的正常乘客数量进行比较来判断的。通常情况下，根据大客流产生的影响和后果不同，可分为一级大客流和二级大客流。

1）一级大客流

当站台聚集人数达到或大于站台有效区域的 80%，并且持续时间大于实际行车时间间隔时，车站客流达到一级大客流标准。这种情况下，会对乘客及轨道交通运营安全造成影响，存在明显的安全隐患。

2）二级大客流

当站台聚集人数达到站台有效区域的 70%，并有持续不断上升的趋势时，车站客流达到二级大客流标准。这种情况下，乘客的正常出行会受到一定影响，车站比较拥挤，乘客感觉比较压抑，但尚未对乘客及轨道交通运营安全造成影响。

小贴士

一般来说，大客流出现的时间具有规律性，如每天由于上下班原因引起的早晚高峰，大城市上班高峰在7：30—9：30，下班高峰在16：30—18：30；还有外界因素引起的大客流，如节假日伴随的旅游高峰期、举办重大活动（大型体育赛事、文艺表演等）引起的大客流等。另外，还有一种不可预见的大客流，那就是由于风、雨、雪等恶劣天气引起的大客流。

子任务5.4.2　大客流客运组织影响因素

通常情况下，城市轨道交通运营企业会根据每个车站的位置、站台形式、设备配置方式、客流特点等因素，有针对性地编制该车站的客流组织方案。车站的大客流客运组织主要考虑下列影响因素。

1）车站出入口及通道的设置

车站出入口及通道的数量、规模和位置在车站设计之初就已经确定，不可能会改变。车站的大客流组织只能根据进出站客流的方向和数量，灵活地选择关闭或开放车站出入口的数量和位置，同时改变或限定通道内乘客流动的方向，以此达到限制进站乘客量和进站速度的目的。

2）站厅面积

原则上，站厅的设计应满足远期预测客流的需要。根据城市轨道交通客流组织经验，站厅容纳率一般为2～3人/m²。为保证客运安全，大客流时应根据站厅乘客人数控制进入站厅层的乘客量。

3）站台面积

原则上，站台的设计应满足远期预测客流的需要，且站台的宽度应满足高峰小时客流量的需要。根据实际客流组织经验，站台容纳率一般为2～3人/m²。为保证客运安全，大客流时应根据站台乘客人数控制进入站台层的乘客量。

4）车站通过能力

城市轨道交通的车站通过能力包括楼梯、电梯的通过能力和自动售检票设备的通过能力，这两种通过能力是车站大客流组织的瓶颈因素，直接制约了车站的乘客接待能力。

5）列车运能

列车运能是车站大客流组织的主要影响因素，而影响列车运能的因素则是行车间隔和车辆荷载。列车行车间隔越小，车辆满载率越高，其扩容能力就越小，对车站大客流组织的压力就越大。

子任务 5.4.3　大客流客运组织应对措施

1. 及时了解大客流信息，制定应急预案

1）及时了解大客流信息

做准备就是要防患于未然。城市轨道交通运营企业要及时了解车站周边大型体育场、大型临时文体活动、大型商业中心、铁路车站及公交客运站等交通枢纽地区、节假日期间的大客流信息，掌握客流的变化规律，了解客流特征，根据不同情况制定相应的客运组织基本方案、预备方案和应急方案，根据客流情况适时应变。

📖 **知识链接**

节假日客流特点

据运营统计资料显示，节假日客流较平日有明显的增长，高出平日均值 30%～40%。

节假日客流与平日在时间、方向方面也有明显不同：一是早高峰时间推后和延长；二是客流主要流向大型商业网点和旅游景点；三是高峰和低峰之间客流量差距缩小；早高峰一般从 8：30 开始持续到 11：00，晚高峰客流总体较为平缓，在晚间结束运营前后，商业集中区车站的客流会骤增至峰值。

（1）清明节。清明节 3 天小长假，受清明祭扫活动及市民踏青郊游的影响，城市轨道交通客运量，尤其是通往墓地、公园的客运量增长明显，清明节 3 天小长假的表现尤为突出，具有站点集中、时段集中、流向单一的特点。祭扫活动的客流从早 8：30—10：00 由全市各车站流向墓地所在车站，10：00 后客流逐渐返回，一般持续到 13：00。

（2）春节。春节是中华民族的传统节日，历来拥有阖家团圆习俗。城市轨道交通在春节期间具有以下客流特点：

① 春节运输一般分为节前、节日、节后三个阶段，客流成分、结构、流量各不相同；

② 春节期间，受居民探亲访友、逛庙会、逛商场的影响，部分线路、部分车站的客运量有所增长，且呈现时段集中、流向单一的特点；

③ 春节前增加了大量的返乡客流，春节后增加了大量的返城客流，尤其是春节前后的民工客流，多为 20～30 人的小团体，携带有大量的大件包裹，这部分客流主要集中在与火车站、长途客运站换乘较便利的城市轨道交通线路车站，客流量增长幅度较大。

（3）运动会、演唱会客流。在大型场馆举办的运动会、演唱会，往往吸引大量的观众前往观看，与此相关的城市轨道交通大客流具有暴发性强、来得快、去得急的特点，往往让会场附近的城市轨道交通车站措手不及。

2）制定大客流组织应急预案

虽然各城市轨道交通运营企业制订的大客流组织应急预案各不相同，但大致内容及程序如下：

① 值班站长及时报告行车调度员，行车调度员通过监控系统加强对车站客流情况的监控；

② 车站应加强现场的疏导工作，增加工作人员，利用隔离带、铁马隔离护栏做好秩序维护和服务组织工作；

③ 车站应在适当位置增设临时售票点，出售预制票，避免TVM前乘客排长队购票的情况出现；

④ 车站根据现场情况，利用告示牌、临时导向标识、车站广播设备、手提喇叭，适时做好乘客的宣传、引导工作；

⑤ 值班员应通过监控系统，加强对现场情况的监控工作；

⑥ 车站应加强对出入口、站厅、站台客流的监控及疏导，避免站厅非付费区内过度拥挤或流通不畅；

⑦ 车站应根据客流情况，实行站台、闸机、出入口三级控制；

⑧ 当站台过于拥挤时，车站应采取关闭部分自动售票机、进站闸机的措施，以减缓乘客购票进站速度，控制进站客流，或在某些出入口实行单向进出控制方式，缓解站内客流压力；

⑨ 站台安全员应密切注意站台和列车情况，一旦发生列车上乘客拥挤、乘客上车有困难的情况，车站应立即向OCC请求加开列车；

⑩ 客车驾驶员发现有乘客上不了车或存在影响车门、屏蔽门关闭的情况时，应及时报告行车调度员，并通过广播引导乘客有序上车。

2. 采取应对措施

大客流到来时，根据客流实际状况和车站的大客流客运组织影响因素，可有针对性地采取以下应对措施。

1）增加列车运能

列车运能是大客流组织的关键，应根据大客流的流向，利用就近的折返线、存车线组织列车，增加列车运能，从而保证大客流的疏散。

2）增加售检票能力

当进出站客流大于现有售检票能力时，值班站长应安排加强车站客运组织力量，可通过在闸机、售票、通道等重点部位增加人力来疏散大客流，也可以通过增加临时售检票窗口（见图5-23左图）、开通互联网购票（见图5-23右图）来加快售检票速度。此外，值班站长还应根据车站的客流情况，调整闸机的使用情况，将双向闸机设置成有利于客流组织的方式，当进出站客流都很大时，应首先保证出站客流顺利出站。

图 5 - 23　增加售票能力

> **小贴士**
>
> 　　互联网购票具有购票速度快、操作便捷的优点，越来越受乘客的喜欢。2017 年清明小长假期间，互联网购票成为西安地铁乘客购票方式的一大亮点。4 月 2 日，全线网通过互联网售票 13 113 张，远超传统自动售票机日均 500 张左右的发售量。

3）做好客流组织工作

　　进行客流组织时，要掌握车站制约客流通过能力的瓶颈和重点部位，本着"超前控制"的原则，制定限制大客流的控制点。可根据客流情况采取以下 5 种限流措施：减缓进站速度，分批放入，出入口单向使用，利用临时处置权关闭出入口，临时疏导。

　　① 减缓进站速度。本限流措施是利用车站现有的导流设施，通过调整出入口和通道的使用宽度，减缓乘客进站速度。对于车站出入口未设铁马隔离护栏等限流设施的车站，可使用导流带组织客流秩序，如图 5 - 24 所示。

图 5 - 24　减缓进站速度

　　② 分批放入。当车站站台压力过大或发生其他情况需要进行限流时，采取本限流方式。具体操作时，首先由专人关闭出入口，在站外组织乘客排队等待，根据站台乘客滞留情况分

批放乘客进站。

③ 出入口单向使用。当进出站的客流集中于某个出入口时采用本限流措施将进出站客流分开。对于设定为单向出站的出入口，应设置好导向标识、围栏，配合人工引导及广播宣传引导措施，限制客流的方向，从而保持出入口、通道的畅通及站厅、站台客流的秩序，引导客流按照指定路线进出站。

④ 利用临时处置权关闭出入口。在难以采取有效的措施及时疏散客流时，为保证大客流发生时疏散客流的安全，可采用临时关闭出入口的措施（见图5－25），限制进站流量及延长大客流疏散时间。

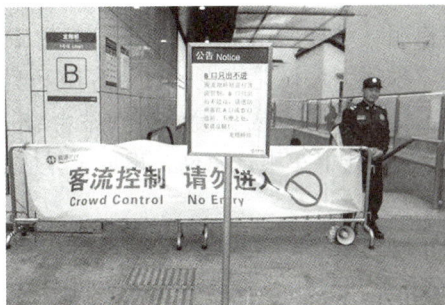

图5－25 临时关闭出入口

⑤ 采取临时疏导措施。这是应对大客流的一项很重要的措施，疏导位置主要包括车站出入口、站厅层的疏导及楼梯、自动扶梯和站台层的疏导。疏导措施主要包括设置临时导向标识、设置警戒绳或隔离栏杆、采用人工引导及通过广播宣传引导等。

- 车站出入口、站厅层的疏导主要是减缓客流进站速度，缩短购票时间，加快乘客在站厅层的通过速度。
- 楼梯、自动扶梯及站台层的疏导主要是为了尽量保证客流均匀上下扶梯和尽快上下列车，保证站台候车的安全。站务人员应在靠近楼梯、扶梯处站岗，并分散在站台前、中、后部疏导乘客，如图5－26所示。

图5－26 车站客流引导

子任务5.4.4 大客流的进出站客流组织工作

1. 人员分工

1) 站长

① 及时了解产生大客流的原因及大客流的规模、可能持续的时间，合理安排岗位。

② 在车站出入口、入闸机组、站厅与站台的楼梯、扶梯处协助值班站长进行客流控制。

2) 值班站长

① 在车站出入口、入闸机组、站厅与站台的楼梯、扶梯处进行客流控制。

② 及时组织人员维持购票秩序，增设兑零点，对乘客做好疏导、服务工作。

③ 站台拥挤时，应安排其他岗位员工或支援人员到站台维持候车秩序，在站厅与站台的楼梯、扶梯处进行客流控制，先让下车乘客出站，再放上车乘客进入站台，控制进站的乘客人数。

④ 若因设备故障造成列车晚点、车站乘客拥挤时，应安排值班员及时通知公安部门协助，安排巡视岗，安排人员在车站出入口、售票处及入闸机组前摆放告示，并将客车延误信息告知购票进闸的乘客，做好退票和公交接驳的准备工作。

⑤ 由于特殊天气（如暴雨）导致突发性大客流时，应及时安排员工做好滞留乘客的疏散工作。

3) 值班员

① 及时播放相应的广播疏导乘客。

② 监控15 min进站客流变化。如果有突发大客流时，协助值班站长通知公安部门，报告行车调度，请求支援。

③ 站台拥挤时要利用广播等途径提醒乘客注意安全，同时加强对乘车、候车的动态监控工作。

④ 在非正常行车时，负责接发列车作业及递送路票等站台层的行车作业。

4) 票务员

① 当一端售票处出现排长队的情况时，适时协助、引导乘客到人少端购票。

② 听从安排，适当加快或延长售检票时间。

③ 停止售检票后，保护好票款安全，同时做好解释、疏导工作，维护好车站秩序。

5) 站务员

① 在车站出入口、站厅及站台两端"紧急停车"按钮处及站台中部进行客流疏导，听从值班站长的指挥，利用电喇叭做好宣传工作，维护好秩序，制止乘客强扒车门上下车，防止乘客跌入轨道。

② 及时向车站控制室汇报客流情况。

2. 进站客流组织

根据站台是否还能容纳和承受更大的客流，分两种情况来进行进站客流组织工作。当站台还能容纳和承受更大客流时，可采取以下客流组织措施：

① 增加售检票能力，具体包括：准备足够的车票、零钞，增设临时售票点，增设临时检票口，增加自动售票设备投入，开通互联网购票，等等；

② 加开进站方向的闸机；

③ 加开通往站台方向的自动扶梯；

④ 申请延长列车停站时间，争取让更多的乘客上车，增加列车运能。

当站台不能容纳和承受更大客流时，可采取以下客流组织措施：

① 暂停或减缓售票速度，关闭部分自动售票机；

② 暂时关闭部分或全部进站方向闸机；

③ 更改自动扶梯方向，延缓乘客进站速度；

④ 适当延长列车停站时间，让更多乘客上车；

⑤ 采取限流、进出分流措施，将部分出入口设置成只能出不能进，限制乘客进入，延长站台层大客流的疏散时间。也可在公安人员的配合下关闭出入口，暂停客运服务，安排人员到出入口做好乘客服务解释工作，并张贴车站关闭的通告，如图 5 - 27 所示。

图 5 - 27　车站限流措施

3. 出站客流组织

出站客流组织工作的指导思想是保证乘客出站线路的畅通，加快出站速度，使其安全、快速、有序地离开车站。出站客流组织方面可采取以下措施：

① 改变自动扶梯方向，将部分或全部自动扶梯调整为向站厅层及出口方向运行，加快出站速度；

② 将部分或全部进站闸机更改为出站闸机；

③ 紧急情况下，可采取票务应急处理模式，如出站免检模式、AFC 紧急放行模式等。

4. 三级客流控制措施

当车站遭遇特大客流时，应遵循"由下至上、由内至外"的人潮控制原则。采取站台客流控制、站厅付费区客流控制、出入口（站厅非付费区）客流控制三级客流控制措施。

第一级控制是站台客流控制（见图 5 - 28），控制点设在站厅与站台的楼梯（或电扶梯）口处，站务人员应分散在站台的各部，维持候车、出站秩序，协助客车驾驶员开关车门，确保乘客安全上下车。

图 5 - 28　站台客流控制

第二级控制是付费区客流控制（见图 5 - 29），控制点设在进站闸机处，站务人员应布置在进站闸机附近，及时处理票务问题，确保进站秩序的有序、快捷。

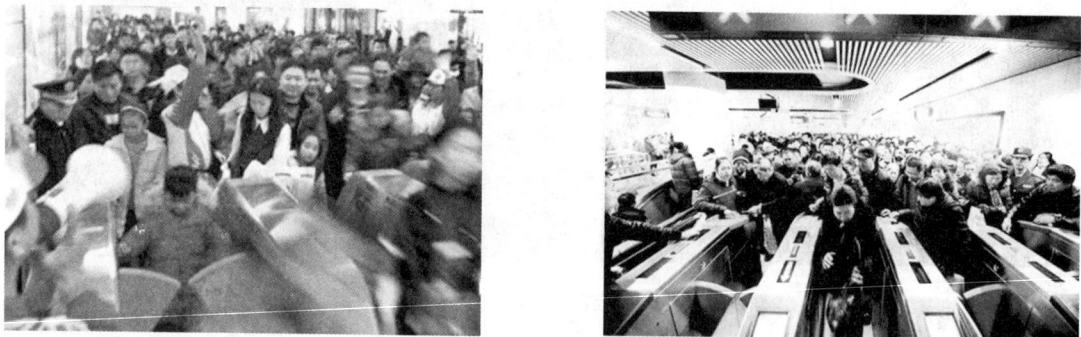

图 5 - 29　付费区客流控制

第三级控制是非付费区客流控制（见图 5 - 30），控制点设在车站出入口附近，可在站外设置迂回的限流隔离栏杆，延长购票、进站时间，最大限度地缓解站台层客流压力。极端性况下，在征得上级同意之后，在出入口放置告示牌，劝说乘客改乘其他交通工具。

图 5 - 30　非付费区客流控制

只有严格按照上述三级客流控制措施操作，在遭遇特大客流时，才能确保乘客安全和车站有序。

任务 5.5　突发事件下的客运组织

定义：突发事件是指在没有任何征兆的情况下，在城市轨道交通车站内、列车上或其他设备设施内突然发生的危及人身安全的事件，如地震、投毒、爆炸恐吓、设备故障、失火等事故。

突发事件发生时，车站应根据实际情况采用不同的客流组织办法对乘客进行疏导，合理安排各岗位和地点的具体工作，迅速疏散客流，避免意外发生、扩大和蔓延。

子任务 5.5.1　突发事件下的客流组织措施

当城市轨道交通出现严重的设备故障、线路故障或由于不可预知的突发事件，如人为破坏、火灾、爆炸、毒气、大面积停电等，导致行车组织、运营服务紊乱，相关设备设施在短时间内无法修复时，应合理控制客流或进行客流疏散，及时启动公交信息通告和公交接驳预案。

当城市轨道交通出现列车延误时，应采取以下措施：

① 满足乘客的知情权，通过广播、告示及其他通信途径告知乘客事故原因、修复进度等；

② 当列车延误事件影响到换乘车站的换乘组织工作时，应及时通过广播告知乘客；

③ 车站要及时进行人潮控制，分批组织乘车。

当站台的客流达到所能容纳人数的最大数时，应采取以下措施：

① 关闭自动售票机，关停进站闸机；

② 如果预计列车较长时间（大于 10 min）无法维持运营，车站应按应急预案进行广播和宣传，并组织、疏导拥挤到站台的乘客到站厅办理退票手续，改乘其他交通工具；

③ 站务员要及时做好引导及解释工作，引导乘客迅速出站，并密切注意在站台逗留的乘客。

当城市轨道交通不能及时恢复正常运营时，应采取以下措施：

① 启动城市轨道交通与公交接驳的预案，借助地面公交系统完成乘客的载乘；

② 按公交接驳预案要求，安排工作人员引导乘客从边门出站，并引导乘客到指定出入口的公交接驳点候车；

③ 指定候车点要摆放明显的公交接驳指示牌，车站要在站厅设置前往公交接驳点的告示，告知乘客公交车的行驶方向、途经地点等。

子任务 5.5.2　突发事件下的客流组织方法

当突发事件发生时，主要有疏散、清客、隔离三种客流组织方法。

1. 疏散

定义：疏散是指在紧急情况下，利用一切通道和出入口迅速将乘客从危险区域全部转移到安全区域的客流组织办法。按照疏散地点不同，可分为车站疏散和隧道疏散。

1）车站疏散

当车站发生火灾、列车事故、炸弹恐吓、气体泄漏、水淹等事故时，都需要进行紧急疏散，如图 5 - 31 所示。

图 5 - 31　车站疏散

车站疏散时各岗位的工作内容如下。

（1）行车调度员的工作

① 根据情况需要召唤 110、119、120 等紧急服务，协助疏散车站及相邻车站。

② 通知有关车站实施车站疏散，并告知其相关的行车安排、清客安排。

③ 指示疏散车站的值班站长接管该站的环控系统控制权，以便在车站进行控制。

④ 根据情况需要关断有关区段的电力供应。

⑤ 指示客车驾驶员，驶过疏散车站时不要停车。

（2）值班站长的工作

工作事项1：确定事故的种类及地点，具体需要做以下工作：

① 通过CCTV查看事故现场；

② 派站务人员前往现场，调查事故原因；

③ 上报行车调度员及通知所有车站员工；

④ 确定是否执行紧急疏散程序。

工作事项2：指挥抢险，进行疏散，具体需要做以下工作：

① 通过PIS宣布疏散车站，但应注意避免引起乘客恐慌；

② 在上级领导到达前担任现场指挥；

③ 如乘客被困站台，请求行车调度员安排一列空车前往站台；

④ 通知车站内其他人员，如承包人、施工人员、商铺租户等离开车站，并前往集合地点报到；

⑤ 命令车站员工执行车站紧急疏散计划，组织乘客撤离车站；

⑥ 若车站内有火警或冒烟而需做出紧急通风安排，则要取得环控系统控制权，并操作环控设备；

⑦ 视情况需要，执行以下工作：要求行车调度员召唤119、110、120等紧急服务；如果需要救援人员支持，安排一名站务人员到紧急出入口引导救援人员进站；要求行车调度员不要放车进站。

工作事项3：指挥撤离，具体需要做以下工作：

① 疏散完毕后，检查是否还有乘客滞留，安排员工关闭车站出入口；

② 灾害危及车站员工安全时，组织员工到紧急出入口集合。

工作事项4：恢复服务，具体需要做以下工作：

① 当事故处理完毕后，确认线路出清；

② 上报行车调度员，得到确认后恢复正常运营；

③ 过PIS系统通知乘客服务恢复正常。

（3）车站员工的工作

工作事项1：组织乘客疏散，具体需要做以下工作：

① 在车站IBP盘上操作AFC紧急放行模式，使闸机扇门全部打开；

② 将TVM设为暂停服务；

③ 开启相应的环控模式；

④ 按停自动扶梯或将其转用适当的运行模式；

⑤ 组织乘客撤离，需要时用扬声器疏散乘客，为伤残人士提供必要的帮助。

工作事项2：完成疏散后，需要按以下程序关闭车站：

① 检查所有乘客是否已离开车站；

② 张贴车站关闭通告；

③ 前往集合地点报到。

2）隧道疏散

当列车在区间发生故障，且无法行驶至下一车站时，需要进行隧道疏散，如图 5 - 32 所示。

隧道疏散程序如下：

① 值班站长在接到行车调度员或客车驾驶员需要隧道疏散的通知后，通知各岗位员工执行车站疏散程序，并在上级领导到达前担任临时现场指挥；

② 开启隧道灯，需要时开启隧道风机进行排烟（或由环控调度员开启）；

③ 带领车站员工，穿好荧光服，携带应急灯、无线对讲机等设备前往隧道疏散现场，引导乘客前往车站站台疏散；

图 5 - 32　隧道疏散

④ 疏散完毕，在确认乘客全部离开和线路出清后，报告行车调度员，关闭车站；

⑤ 消防、公安人员到达车站后，告知有关情况，协助其参加抢险工作。

> **小贴士**
>
> 疏散需要城市轨道交通运营企业各个部门的高度配合，力争在最短的时间内完成客流的转移。对于城市轨道交通运营企业而言，这种疏散办法应定期进行现场模拟演练，让每位员工充分了解自己的岗位职责及作业程序，只有这样才能保证在突发事件发生时疏散工作井然有序，乘客得到安全、快速的转移。

2. 清客

当城市轨道交通发生紧急情况，需要乘客全部从车厢撤离时，就需要做清客工作，如图 5 - 33 所示。

图 5-33 清客

1）清客规则

各城市轨道交通运营企业制订的清客程序、人员分工都有所不同，但大致遵循下列清客规则：

① 清客前必须获得行车调度员的授权，除非在危及乘客安全或 OCC 的通信中断等情况下，客车驾驶员或车站值班站长才可未经授权进行清客；

② 客车驾驶员应尽可能将列车驶至下一站或在指定的站台清客，避免在两站之间清客；

③ 清客期间，乘客下车后途经的轨道及乘客可由隧道门或交叉口进入的轨道不得行车，只有当所有乘客全部撤离轨道后，上述轨道才可解除行车限制；

④ 一般情况下，没有车站员工协助不得清客，除非发生了极度紧急、严重威胁乘客生命安全的情况，方可由客车驾驶员单独组织清客；

⑤ 为防止乘客偏离清客路线或被障碍物绊倒，必须安排员工在道岔、交叉口、隧道口及其他有潜在危险的地方驻守，协助清客的员工应携带手提灯、扩音器、无线对讲机等设备，同时应特别注意疏散过程中伤残人士的安排；

⑥ 任何员工或乘客进入轨道前，必须亮起隧道灯；

⑦ 凡是清客至轨道的情况，都必须关断牵引电流；

⑧ 列车完成在轨道清客的程序后，必须安排车站员工巡查所有下车乘客可能经过的轨段，确保区间内已无任何乘客或障碍物后才可恢复正常行车；

⑨ 实施清客时，应召唤公安、消防等应急救援人员协助。

2）非紧急情况下清客

非紧急情况是指清客工作按照正常的途径得到授权，有充裕时间做好相关准备工作。以下介绍非紧急情况下在两站之间清客至轨道的一般处理程序。

（1）行车调度员的工作

① 停止相关轨道上的所有行车，包括将清客的轨道和乘客离开车厢后可能途经的轨道。

② 指示客车驾驶员做好清客准备：停止所有列车运作，只维持无线电正常工作；前往即将清客的一端候命；等待车站员工抵达。

③ 通知环控调度员：关断牵引电流，做好防护工作。

④ 命令受影响区域的值班站长执行清客程序：亮起隧道灯，关掉鼓风扇，采取相关保护措施；向有关值班站长查证以下信息：列车停下来的具体位置，清客位置，列车在哪一端清客。

⑤ 与客车驾驶员确认清客已结束：所有乘客已离开车厢，是否还有伤残人士留在车上。

⑥ 恢复正常工作：接获值班站长通知轨道已畅通后，做出以下指示：牵引电流送电；客车驾驶员限速将列车驶往下一站；根据情况，部分或全部恢复正常运营。

（2）值班站长的工作

值班站长接到行车调度员执行清客程序的命令后，按顺序执行以下任务：

① 与行车调度员确定清客事宜，具体包括：ATS 控制台显示所有被停止的列车的正确位置，清客的位置，在列车的哪一端清客，牵引电流已关闭，安全保护措施已做好；

② 接管环控系统操作权，视情况需要，关掉鼓风扇，亮起隧道灯；

③ 安排车站员工执行隧道清客程序，根据需要加派员工前往任何有潜在危险的位置做好以下工作：提醒乘客注意安全，在清客范围内协助、引领乘客，引导离开车厢的乘客经站台两端的楼梯前往车站；

④ 向执行清客程序的车站员工确认所有员工和乘客已离开轨道后，向行车调度员报告。

⑤ 接到行车调度员要求"进行轨道巡查"的命令后，值班站长安排两名车站员工步行前往下一个车站，确定该区间畅通无阻，而且每确定一段指定轨道畅通无阻后，都要向行车调度员汇报；

⑥ 接获行车调度员"恢复列车正常运作"的通知后，恢复正常运作。

（3）车站员工的工作

负责清客的车站员工，需要进行以下工作：

① 前往清客现场。至少两名车站员工共同前往列车现场，出发前应做好两件事：一是带上手提灯、无线对讲机等应急物品；二是确保隧道灯已亮起，牵引电流已关断，保护措施已做好。

② 抵达现场开始清客。车站员工抵达现场后应立即开始清客，具体工作包括：（a）带领乘客前往指定车站，引领乘客使用站台两端的楼梯，以加快疏散速度，若乘客中有伤残人士，还应安排车站员工或自愿协助的乘客陪同；（b）协助客车驾驶员清客，确定车上乘客已全部撤离后，收回逃生踏板。

③ 沿途巡查轨道返回车站。收回逃生踏板后，返回车站，沿途巡视轨道，确保轨道上没有遗留乘客或障碍物，安全保护措施已拆除；抵达车站后，向值班站长报到。

3）紧急情况下清客

列车因为发生火警停在隧道内，产生烟雾或刺激性气味的浓烟时，必须立即进行清客。若火警发生在车头，清客的位置须在车尾；若火警发生在车尾，清客的位置须在车头；若火警发生在列车中部，则须进行双端清客。下面介绍列车因失火或冒烟停在隧道内须从单端清客至轨道的一般处理程序。

（1）行车调度员的工作

① 阻截列车进入火警范围，包括：

- 阻截任何其他列车进入受影响的轨道范围；
- 停止以下轨道上的所有行车：事发列车所在轨道相邻的轨道，乘客离开车厢后可能途经的轨道。

② 与客车驾驶员沟通清客事宜，确定清客方向。向驾驶员证实轨道安全后，可以开始清客。

③ 通知环控调度员，做好防护安排：

- 关断牵引电流；
- 确定导烟的方向；
- 执行相关火灾模式。

④ 命令受影响区域的值班站长执行清客程序：

- 亮起隧道灯，关掉鼓风扇，做好相关保护措施；
- 向有关的值班站长查证：列车停下的确凿位置，行车调度员指示其在何处清客，在列车哪一端清客。

⑤ 如果需要，召唤119、110、120等紧急服务支持。

⑥ 通知受影响列车的驾驶员开始清客。

⑦ 安排导烟、排烟工作。对于需要导烟的车站，须联络并指示其值班站长：

- 亮起隧道灯；
- 监视环控系统的操作状况。

对于需要排烟的车站，须联络并指示其值班站长：

- 亮起隧道灯；
- 做好准备，一旦浓烟进入站台范围，立即疏散车站。

⑧ 清客期间，最大限度地维持与受影响轨道相邻隧道内的行车。

（2）值班站长的工作

① 根据行车调度员的指示，亮起隧道灯。

② 烟雾未冲入站台范围时，派人到区间协助清客，引领乘客到站台；烟雾冲入站台范围后，疏散车站。

③ 紧密监视环控系统的操作。

3. 隔离

隔离是指采用某种方式或设备人为地隔开人群或封闭某个区域。根据造成隔离的原因，隔离的组织方法有以下4种。

1）非接触纠纷隔离

乘客发生口头纠纷时，离现场最近的工作人员要立即上前调解，必要时要把纠纷双方分别带到人少的地方（或带到车站会议室），进行劝说和调解。如有其他乘客围观，应及时将其劝离现场，维持好车站正常秩序。

2）接触式纠纷隔离

乘客发生肢体冲突时，离现场最近的工作人员要立即赶到现场，与车站保安人员一起把打架双方隔开，如图5-34所示。值班站长应赶到现场处理，将肇事双方移交地铁公安处理。车站要及时疏散围观的其他乘客，并寻找目击证人，填写事件记录。

3）客流流线隔离

当车站某一端排队购票队伍与进出站客流发生交叉干扰时，车站工作人员可利用伸缩铁制围栏、隔离带、警戒绳、铁马等设备器具人为地隔开人群（见图5-35），保持进出站客流畅通，并利用手提广播引导一部分乘客到人少一端购票进站，避免乘客排长队的现象发生。

图5-34 接触式纠纷隔离

图5-35 客流流线隔离

4）疫情隔离

车站发现有恶性传染疫情时，必须采取隔离组织办法，关闭各出入口，列车通过不停车，对与疑似人员有过密切接触的物品、人员进行消毒、隔离，未经防疫部门的许可不得离开车站。

思考与实训5

1. 思考题

思考并回答以下问题：

（1）车站日常运作包括哪3个环节？

（2）简述车站开启流程。

（3）车站巡查重点内容有哪些？

（4）简述车站的关站注意事项。

（5）城市轨道交通的客流特点有哪些？

（6）简述城市轨道交通车站的客流日变化规律。

（7）简述城市轨道交通车站的客运组织原则。

（8）简述车站的客流组织原则。

（9）简述进、出站客流组织重点。

（10）简述站台客流组织重点。

（11）大客流影响因素有哪些？

（12）当车站不能容纳更多乘客时，如何进行客流控制？

（13）当车站还能容纳更多乘客时，如何进行客流疏导？

（14）遭遇特大客流时，实行三级客流控制的控制点在哪里？在各个控制点应该采取哪些措施？

（15）突发事件下的客流组织措施有哪些？

2. 实训任务

任务1：客流调查。

任务说明：设计城市轨道交通客流调查问卷，组织学生进行客流调查，写一份城市轨道交通客流调查报告，要求能根据客流调查结果提出城市轨道交通客运组织改进建议。

实训重点：

① 设计客流调查表；

② 到车站附近进行客流调查；

③ 统计客流调查结果，分析客运中存在的问题，提出改进建议。

任务2：大客流客运组织。

任务说明：对学生分组，6~8人一组，分角色扮演行车调度员（1人）、值班站长（1人）、值班员（1人）、站务员（3人），进行车站大客流组组织的实训练习。通过训练，掌握大客流应对措施、实施时机及实施中的注意事项。

实训重点：

① 车站能容纳更多乘客的客流组织措施；

② 车站不能容纳更多乘客的客流组织措施。

项目 6

城市轨道交通客运服务

📖 **项目导学**

本项目中，首先介绍城市轨道交通客运服务基本知识，然后介绍城市轨道交通客运服务规范和客运服务内容，最后介绍城市轨道交通客运服务质量控制。

📖 **教学目标**

（1）了解城市轨道交通客运服务的重要性。

（2）了解城市轨道交通客运服务的 7 大基本特性。

（3）能绘制出城市轨道交通客运服务蓝图，了解各部分在客运服务中的作用。

（4）熟悉城市轨道交通客运服务规范。

（5）了解各岗位的客运服务内容及相关要求。

（6）了解城市轨道交通为残疾人等特殊乘客提供的无障碍服务。

（7）了解控制客运服务质量的措施。

（8）掌握乘客投诉处理技巧。

📖 **建议学时**

12 学时。

任务 6.1 城市轨道交通客运服务基本知识

城市轨道交通行业属于服务性行业，其核心产品是乘客位移，因为乘客乘坐轨道交通的目的就是从出发地到目的地。影响乘客位移这一核心产品质量的是客运服务，如在进入轨道交通车站前站外导向标识的引导、首末班时间通告、购票便捷程度、出站指南、换乘指南、站务员的服务水平等多方面的因素都会影响城市轨道交通的服务质量。

子任务 6.1.1 客运服务的重要性

城市轨道交通作为城市重要的基础设施和大众化交通工具，承担着服务社会经济发展、服务人民生活的重大使命，客运服务是城市轨道交通客运工作的重要组成部分，是客运质量好坏的具体体现，是创造城市轨道交通运营企业社会效益和经济效益的关键，也是客运服务发生矛盾的焦点。

因此，城市轨道交通客运服务工作非常重要，需要秉承"以人为本"的服务理念，"以人为本"地为乘客提供人性化优质服务，不仅让每一位乘客感到被尊重，也让每一位乘客感到受重视。客运服务人员必须掌握服务技能，讲究服务艺术，遵守规章制度，立足本职工作，处处维护企业形象，全心全意地为乘客提供优质的服务。

子任务 6.1.2 客运服务的法律内涵

城市轨道交通运营企业在为乘客提供位移服务时，从乘客购票时起，即与乘客形成了"服务方"与"被服务方"的客运服务契约关系。在这个服务关系中，乘客是"被服务方"，城市轨道交通运营企业是"服务方"，服务方应根据被服务方的要求提供服务活动，必须承担相应的责任、义务，为被服务方提供专业化、职业化的帮助。

子任务 6.1.3 客运服务的基本特性

客运服务属于服务工作的一种，既有服务工作的共性，也有城市轨道交通客运工作的独有特性，其基本特性主要表现在以下7个方面。

1. 无形性

城市轨道交通客运服务在本质上是无形的，既不能被触摸，也不能被品尝，更不能被嗅到或看到，它只能在乘客发生空间位置移动时能感受到。这种无形性给乘客带来了较大的购买风险，但政府可通过立法和行政干预手段来规范企业的经营。

2. 易逝性

服务产品具有很强的时效性，一旦未被出售或消费，其价值就永远失去，无法储存。例如，列车上的空座位，不可以保留下来供下一趟列车使用。这就给运输企业的经营带来很大风险，对服务设备和能力的配置提出更高的要求。

3. 参与性

客运服务的参与性有两种含义。一是乘客作为参与者出现在客运服务过程中，因为对于乘客来说，客运服务是发生在服务设施环境（前台作业区）中的乘客体验，如果服务设施的设计符合乘客的需要，就可以提高服务质量；二是乘客在乘车过程中可以发挥积极的作用，他们的知识、经验等都会直接影响客运服务的效果。

4. 同时性

客运服务的同时性是指客运服务的生产过程和消费过程在空间和时间上同时并存，同时进行。从运营企业来说，运输过程就是服务的生产过程，而从乘客的角度来看则是消费过程。一方面，乘客参与服务提供的过程；另一方面，乘客的参与对运营企业的服务时间、服务质量和服务设施的提供都造成了不确定性，从而给服务质量的管理和控制带来了困难。

5. 差异性

客运服务是由客运服务人员通过劳动来完成的，而每位客运服务人员由于年龄、性别、性格、素质和文化程度等方面的不同，他们为乘客提供的服务也不尽相同，即使是同一员工，在不同的场合，不同的时间，或面对不同的乘客，其服务态度和服务方式也会有一定的差异。服务的差异性会给服务评价带来更多的不可量化性。

6. 不可转移性

服务的不可转移性是指服务产品的所有权不可转移。乘客付出的车费即服务费，直接转化为自身的位移效用，无法转移给第三者体验，这就使得城市轨道交通服务具有不可转移性。

7. 公益性

为了减轻社会生产和生活的负担，城市轨道交通的服务产品价格不能过高。这样，在综合考虑了人民群众消费水平的前提下，也保证了运输企业及劳动者的基本利益，有利于国民经济的健康发展，这就使得城市轨道交通具有服务的公益性。

认识城市轨道交通客运服务的 7 个基本特性，根据每天线路的具体情况，对它们进行不同的组合，就可以产生不同的效果。对于城市轨道交通运营企业来讲，可以通过调整服务特性组合来获取市场竞争的优势。

子任务 6.1.4　客运服务分类

1. 按照服务时间分类

对于城市轨道交通客运服务来说，按照服务时间分，可将服务分为出行前服务、出行中服务和出行后服务三类，如图 6-1 所示。

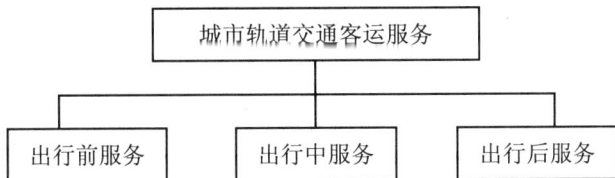

图 6-1 按服务时间划分服务类别

① 出行前服务指乘客进入付费区之前城市轨道交通运营企业为乘客提供的各项服务,包括各种信息的咨询和票务服务,如城市轨道交通运营企业发布的线路图查询、站点信息、首末车时间等。

② 出行中服务指乘客出行过程中城市轨道交通运营企业为乘客提供的各项服务,主要包括乘客进出站引导服务、导向标识服务、候车服务、换乘服务、车站信息服务、列车信息服务等。

③ 出行后服务指乘客到达目的地,离开付费区后,城市轨道交通运营企业为乘客提供的各项服务,包括服务失败后的投诉处理、补偿,以及失物招领、延误通告等。

2. 按照提供服务的"主体"分类

按照提供服务的"主体"分,可将服务分为人工服务和自助服务两种,如图 6-2 所示。

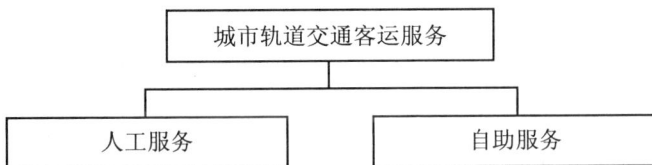

图 6-2 按照提供服务的"主体"划分服务类别

① 人工服务是通过服务人员与乘客进行交流,询问相关信息并提供乘客需要的服务。例如,城市轨道交通人工售票、进站安检、站台秩序维护等。

② 自助服务是通过自助服务设施向乘客提供服务,乘客可以自主选择需要的服务或想了解的信息,如城市轨道交通自动售票机提供的售票、充值业务,自动查询机提供的信息查询服务,网站提供的线路信息和公告等。

3. 按照服务接触程度分类

按照服务接触程度分,可将服务分为直接接触服务、间接接触服务和无接触服务三类,如图 6-3 所示。

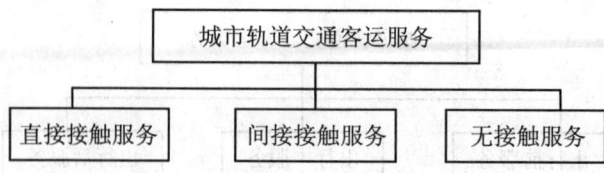

图 6 - 3　按服务接触程度划分服务类别

① 直接接触服务是乘客来到服务场所接受到的服务，如人工服务，包括站务员为乘客提供的售票、引导、咨询、安检等服务。

② 间接接触服务是乘客参与部分服务过程的服务，如在自助购票服务中，票制、票价的制定及自动售票机中票卡的放置是乘客没有参与的服务过程，选乘车线路、乘车起讫站点是乘客参与的服务。

③ 无接触服务是乘客无须参与服务提供过程的服务，如对服务内容、服务标准的研究与制定工作、城市轨道交通的客运组织工作等。

子任务6.1.5　客运服务蓝图

从广义上讲，城市轨道交通的客运服务应包括从管理层服务设计、后台层服务支持、前台层服务提供到乘客的直接感受的所有内容。

服务蓝图是对服务提供系统的总体描述，它用横坐标表示服务流程，用纵坐标表示服务结构，详细地展示了服务是如何组成的，有多少部门参与服务活动。城市轨道交通的客运服务蓝图就是从总体上全面描绘城市轨道交通客运服务的蓝图，如图6-4所示。

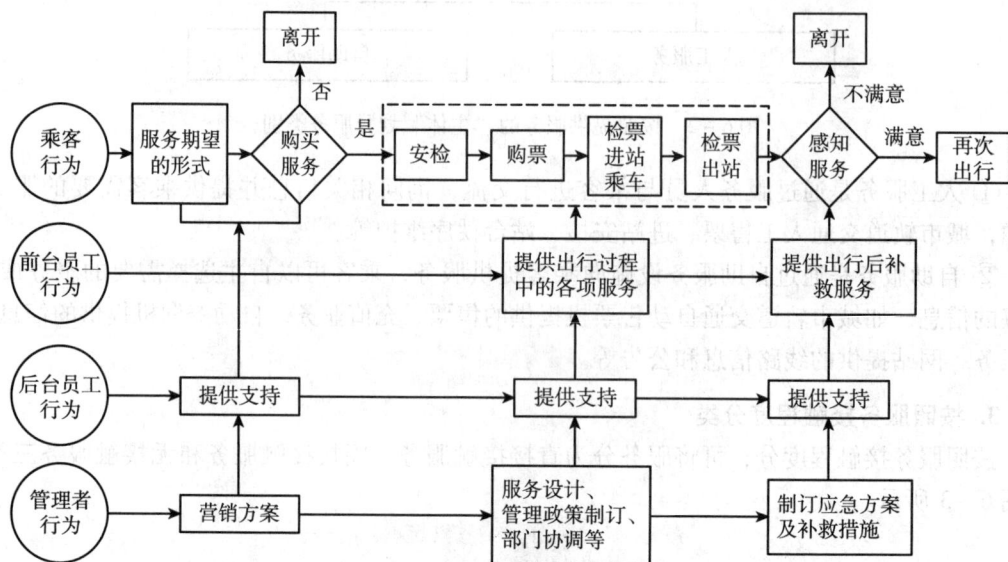

图 6 - 4　城市轨道交通服务蓝图

从图 6－4 可以看出，服务流程在水平方向从左至右用按时间先后顺序排列起来的行为框表示。城市轨道交通的"服务结构"自上而下依次为：

① 服务接触，对应图 6－4 中"乘客行为"行，代表乘客接受服务的全过程，从服务预期到服务接受，最后到服务感知；

② 前台服务提供，对应图 6－4 中的"前台员工行为"，指客运服务人员的具体服务工作，包括提供乘客出行过程中的各项服务，以及处理投诉问题等；

③ 后台服务支持，对应图 6－4 中第 3 行的"后台员工行为"，包括设备资源支持、财务支持，以及相关有形物品的提供等；

④ 管理活动，对应图 6－4 中"管理者行为"，包括制订营销方案、设计服务内容、制订管理政策、进行部门协调、制订应急方案及补救措施等。

任务 6.2　城市轨道交通客运服务规范

城市轨道交通运营企业应以乘客为中心，引入先进的服务理念，不断丰富完善运输服务内容，实现服务规范化和标准化，制订完善、明确、详细的服务标准，包括服务的定位和服务的内容，不断进行服务创新，将服务项目和标准向社会公开，并接受监督，还应建章立制，严格考核，落实服务标准，提高服务质量。

子任务 6.2.1　客运服务标准与服务范围

1. 客运服务标准

① 为乘客提供符合服务规范的服务设施、候车环境和乘车环境。

② 为乘客提供规范、有效的乘客信息。

③ 在非正常情况下，为乘客提供必要的安全信息和指导信息。

④ 为乘客提供的公益或商业服务应以方便乘客、提高服务质量为目标，保证客运服务质量不受影响。

2. 客运服务范围

① 维护车站秩序，组织乘客有序乘降。

② 提供兑零、充值、更新等售票工作。

③ 处理乘客投诉、来访及乘客纠纷。

④ 回答乘客咨询，重点关注老弱病残乘客。

⑤ 向轮椅乘客等特殊人群提供相应的服务。

子任务 6.2.2　客运服务岗位的总体要求与管理规范

1. 总体要求

客运服务岗位涉及值班站长、站务员和值班员。对服务岗位的总体要求为：乘客为先，有理有节；热忱主动，微笑服务；形象规范，大方得体；坚持原则，灵活处理；首问负责，乘客满意。

2. 管理规范

1）仪表着装规范

对于城市轨道交通服务人员，不仅要着装合适，还要保证制服的整齐美观、清洁规范、挺括大方，具体要求如下：

① 整齐美观。制服应合身得体，符合岗位要求。制服内穿非制式服装时，非制式服装不得外露。穿衬衣时，应把衣摆系在长裤或裙子里面，纽扣应全部扣好，不得披衣、敞怀、挽袖、卷裤腿，不得为追求时髦而对制服乱加修改。每天把皮鞋擦干净，使之保持光亮，破损的鞋子应及时修理或更换。领带、领结、飘带与衬衫领口吻合紧凑，不可系歪。

② 清洁规范。制服要整洁，不可有污渍、皱褶。每天上岗前要检查制服上是否有菜汁、油渍、笔迹等，尤其要注意领子、袖口是否干净，应养成勤洗勤换的良好习惯。

③ 挺括大方。穿着制服，应注意保持制服挺括，衣裤均要烫平，不起皱，不翘边，裤线烫得笔挺，保持制服线条自然流畅，体现出轨道交通服务人员的高雅、端庄。

2）标志佩戴要求

标志佩戴要保持干净整洁，佩戴端正，工号牌应佩戴在左胸正上方。

3）仪容修饰规范

① 勤洗澡，无汗味；讲究个人卫生，保持口气清新；上班前，不吃有异味食品，不饮酒或含有酒精的饮料；工作中，禁止不良习惯。

② 头发清洁，无异味，发型优美；女士短发不过肩，刘海不过眉，长发须按规定束在发髻内；男士不留怪发，做到前发不覆额、侧发不掩耳、后发不触领。

③ 员工上岗前保持面部干净整洁，男士剃净胡须，女士淡妆上岗，忌用浓烈型香水，禁戴有色眼镜。

④ 双手清洁干净，无污垢。

⑤ 女士上岗时可佩戴一枚素色戒指，戴一副简单造型的耳钉、耳环，项链以颈链为宜；男士不佩戴任何饰物。

4）行为举止规范

（1）站姿

站立是生活中常见的姿势，也是服务接待的主要姿势。因为站立服务传递着随时为乘客服务的信息，能体现出对乘客的尊重，正确的站姿要领是：

① 双肩平齐，抬头挺胸，目光平视前方，下颌微收，面带微笑；

② 收腹、立腰、提臀，膝盖自然挺直，小腿向后发力；

③ 两臂放松，自然下垂，双手可放于身体两侧、腹前或背后，虎口向前，手指自然弯曲，如图6-5所示。

图6-5 正确的站姿

④ 在站立时，双腿并拢，双脚脚跟靠紧，脚掌呈"V"形，脚尖展开45°左右；双手虎口相对，右手轻握在左手上，自然放置在腹前，或双手自然下垂。男士在站立时，可以两脚分开与肩同宽或比肩略窄，双臂自然下垂。

> **注意：**
>
> 站立时间过长，感到疲惫时，可将一条腿向前或向后半步，让身体重心轮流放在两条腿上。

（2）行姿

行姿是以静态的站姿为基础的，它是一种动态的姿势。起步时，上身稍往前倾，身体重心在前脚掌上。行走时，头部端正，面带笑容，双目平视行进前方，双肩水平，上身自然挺直，收腹，两肩微往后拉，两臂自然摆动，身体保持平稳，步幅适中，步频稳定，上身不动，两肩不摇。

服务人员在工作岗位上应注意如下事项：

① 顾及别人的存在，不仅要选择适当的行走路线，和乘客保持一定的方位，而且还要

保持一定的速度；

② 通道狭窄的地方，服务人员一旦发现自己阻挡了他人特别是乘客的路，一定要请对方先行。

（3）坐姿

坐姿即人们就座之后呈现的姿势。端正的坐姿能体现服务人员的修养和对乘客的尊重。正确的坐姿要领是：坐姿要端庄，要保持上身正直，身体也可稍往前倾，挺胸直腰，双肩平正，双腿并拢，嘴微闭，面带笑容，双手自然放在双膝上或售票台面上，掌心向下，目光注视乘客，坐满椅子2/3，两膝相靠，两脚并拢或稍分。

（4）蹲姿

服务人员需要到低处捡拾东西或做卫生清洁时，需要运用蹲姿。蹲姿和坐姿都是由站姿或行姿变化而来的，城市轨道交通服务人员通常采用的蹲姿为高低式蹲姿。

高低式蹲姿的基本特征是双膝一高一低，在下蹲的时候双脚不要并排在一起，而是左脚在前完全着地，小腿基本上垂直于地面；右脚稍后，脚掌着地，脚跟提起；右膝低于左膝，右膝内侧可以靠在左小腿内侧，形成左膝高右膝低的姿态，女性应靠紧两腿，男性可以适度地分开；臀部向下，基本上以右腿支撑身体。正确的蹲姿如图6-6所示。

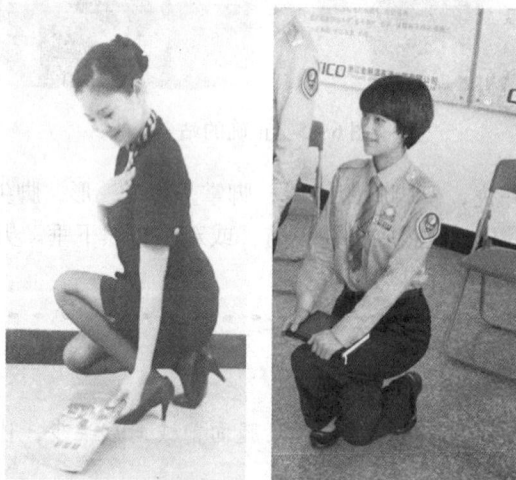

图6-6 正确的蹲姿

> **注意：**
>
> 采用高低式蹲姿时，应自然、得体、大方，不遮遮掩掩。下蹲时，应使头、胸、膝关节在一个角度上，两腿合力支撑身体，避免滑倒。

（5）手势

以手势引导乘客时，掌心向上，四指并拢，拇指自然张开，以肘为轴，前臂自然上抬伸直，面带微笑，视线移向指示方向。正确的手势如图6-7所示。

图6-7　正确的手势

（6）目光

为乘客服务时，目光要平视乘客，坦诚亲切，和谐有神；与乘客视线接触时，点头微笑，以示尊重。

（7）助臂

在进行乘客服务时，往往需要对老、弱、病、残、孕乘客主动予以搀扶，以示体贴和照顾，这是给予对方的一种特殊照顾。服务人员在进行搀扶帮助时，要注意以下4点。

①选准对象。如果不分对象，对任何人都这么做，就难免会令人觉得滑稽，甚至引起非议。

②两厢情愿。发现确有需要搀扶帮助的人，在为其助臂之前，要先征得其同意。

③方法得当。助臂的关键在于手位，要用一只手臂穿过对方的腋下，架着其胳膊，再以另一只手扶在其小臂上，主要是穿过对方腋下的那个手臂轻轻用力。

④留意速度。搀扶他人时，步速不能过快，而是应与对方主动保持一致，否则就好似拖着别人在走。还可以经常"暂停"一下，以便对方缓口气。

5）服务用语规范

语言是服务的第一工具，服务人员在同乘客接触的整个过程中，始终离不开语言交流。服务人员的语言运用、表达能力，直接影响服务的水平。

在城市轨道交通服务中，服务人员须注意语言的规范性、礼节性、完整性、准确性、逻辑性、策略性，说话的声调要温和、文雅、生动、亲切、谦逊，切不可说脏话、粗话、怪话，恶语伤人，更不可用粗野庸俗的话刺激、侮辱乘客，服务用语规范如下。

①语音标准。使用普通话，亲切和蔼，口齿清晰，音量适宜，语速适度。

② 语言文明。对乘客的称呼要文明得体，坚持使用文明用语"十一个字"：请、您、您好、对不起、谢谢、再见。

③ 表达恰当。与乘客沟通交流时应做到语言正确、准确、简练、朴实、生动，避免使用"大概""也许""可能""差不多"等不肯定、不准确的语言。讲话要有分寸，不说过头话、绝对话，不讲与服务无关的话题。

与乘客沟通时，要用心倾听乘客说话，目视乘客面部。回答乘客问询时，要主动站立、问好，面带微笑，心平气和，解释耐心。行走时遇到乘客问询，要站稳，面向乘客，亲切回答问题，不得不理睬。

任务6.3　城市轨道交通的客运服务内容

从狭义上讲，城市轨道交通的客运服务指的是前台层的服务，即指客运服务人员的具体服务工作。本节仅从狭义角度对客运服务流程进行介绍。

城市轨道交通的客运服务在客流组织过程中发生。对于乘客来说，城市轨道交通将其从出发站输送到目的站，他需要城市轨道交通在整个输送过程中为其提供舒适的乘车环境和安全、便利、舒适、快捷的乘车服务。

子任务6.3.1　客运服务流程

乘客进出站乘车的流程为：乘客经出入口通过引导标识进入站厅，购票或持一卡通等其他车票直接经检票口进入收费区，通过楼梯进入站台（侧式站台地面站一侧乘客可直接进入站台）乘车，乘客抵达目的站下车后从站台经楼梯或电梯到站厅，在站厅验票后经出入口出站，若票卡有问题，则需经过补票处理后出站。整个流程如图6-8所示。

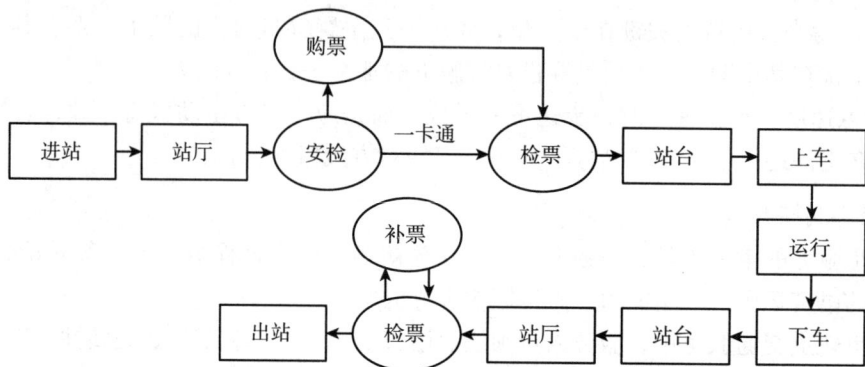

图6-8　乘客进出站乘车流程图

图 6-8 中，未考虑换乘站的乘客换乘流程，换乘指的是乘客在换乘站从一条线路下车后经过换乘通道进入另一条线路的站台上车的乘车过程，换乘流程如图 6-9 所示。

图 6-9　换乘流程

针对以上流程，城市轨道交通运营企业必须在每一个环节为乘客提供优良的服务，使每一位乘客在从购票乘车到下车出站的全过程中都感到满意。

子任务 6.3.2　进站客运服务

1. 服务内容

进站客运服务主要指引导乘客进站，包括客运标识的设置和进站口乘客的引导两方面。

1）客运标识的设置

在车站各出入口设置明显的导向标识，方便乘客识别并根据导向指示进站乘车。在一些城市轨道交通比较发达的城市，几乎每隔 500 m 即有一个明显的导向标识，指示距离车站的距离及方向，便于乘客选择各出入口进站，示例如图 6-10 所示。

图 6-10　街道上的城市轨道交通车站指示牌

2）乘客进站引导

乘客进站引导包括维持进站秩序，引导乘客进站，为轮椅乘客等特殊乘客进站提供特殊服务。

2. 服务要点与服务目标

进站服务的服务要点为"站外疏导要耐心"，服务目标是让乘客有序进站，如图 6-11 所示。

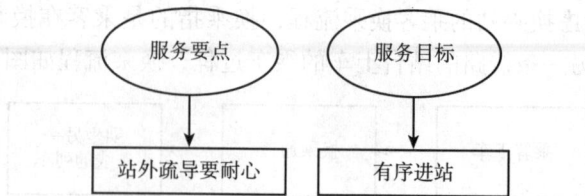

图6-11 进站服务的服务要点与服务目标

3. 服务规范

在进站服务过程中，站务人员的服务规范如表6-1所示。

表6-1 进站客服规范

服务环节	工作要求	规范语言示例	不当行为/忌语示范
站外疏导	(1) 积极宣传疏导，减少乘客误解，争取乘客理解。 (2) 限流情况时： ① 面对乘客不满，要耐心劝解； ② 面对不冷静的乘客，要尽快处理，降低影响范围	(1) 请您听从工作人员的指挥，顺序进站。 (2) 请您不要拥挤，顺序进站。 (3) 目前地铁客流较大，我们正在采取限流措施，请您配合	(1) 现在人多，慢慢排队吧。 (2) 现在限流，我也没办法

4. 服务评价

对于进站服务，主要从以下5方面进行评价：

① 容易看到站外引导标识；

② 站外引导标识清晰、准确；

③ 车站出入口标识醒目；

④ 限流措施得当；

⑤ 进站引导热情、周到。

子任务6.3.3 站厅区客运服务

1. 服务内容

站厅区的客运服务主要包括安检服务、问讯服务和售检票服务。

1) 安检服务

乘客进入站厅后，需要做的第一件事就是接受安全检查，因为安全检查是为了保障城市轨道交通的安全。目前，绝大多数城市轨道交通都对乘客携带的物品进行安全检查，部分城市轨道交通线路加大安检力度，进行人、物同检，如图6-12所示。

图 6-12　城市轨道交通人、物同检

2）问询服务

车站的问询服务可分为有人式服务和无人式服务。有人式服务指的是车站的工作人员向问询的乘客提供的服务，如图 6-13 所示。但随着时代的发展，车站的问询服务正在向自助式服务方向发展。无人式服务是指车站设置计算机查询平台，可供乘客对出行线路、票价及各类票卡的金额等查询。

图 6-13　人工问询服务

3）售检票服务

目前，世界各国城市轨道交通提供售票服务的主要形式是人工发售或自动为主、人工为辅的方式，而且后者已经成为城市轨道交通售票服务的主流形式。采用自动售检票系统（见图6-14）替代人工，可以提供更为准确的售票服务，提高服务效率和服务水平，从长远发展角度来看也可以提高企业的经济效益。

图6-14　自动售检票设备

2. 服务要点和服务目标

站厅客运服务的服务要点和服务目标如图6-15所示。

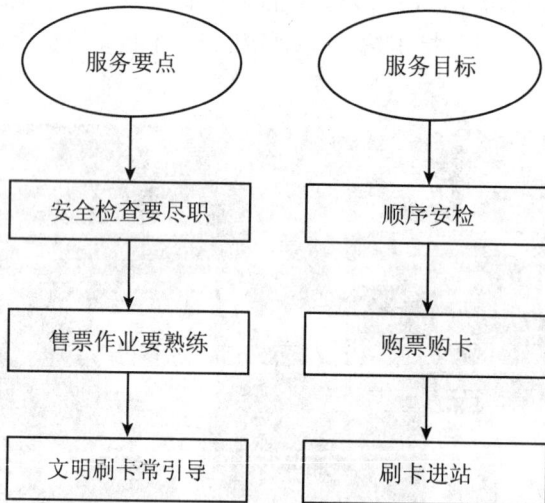

图6-15　站厅客运服务的服务要点和服务目标

3. 服务规范

在站厅客运服务过程中，站务人员的服务规范如表6-2所示。

表6-2　站厅客服规范

服务环节	工作要求	规范语言示例	不当行为/忌语示范
安全检查	(1) 主动宣传、耐心解释、恪尽职守。 (2) 当有乘客寻求其他帮助时，不能不理不睬，拒绝推诿	正常疏导： (1) 您好。 (2) 谢谢合作。 (3) 乘客您好，请您顺序安检，谢谢合作。 (4) 为保证乘车安全，请您自觉接受安检，谢谢合作。 遇拒检情况： (1) 您好，为保证乘车安全，请您接受安检，谢谢配合。 (2) 您好，依据《××市城市轨道交通运营管理办法》第××条的规定，请您接受、配合安检。 (3) 您好，您的箱包（挎包、箱子、行李等）需要进行开包检查，请您打开箱包，谢谢合作。 遇乘客携带禁、限带品时： (1) 您好，您携带的物品属于轨道交通运营企业公示的禁、限带品，不能携带该物品进站。 (2) 请您换乘其他交通工具，谢谢合作。 乘客寻求帮助无法解答时： 对不起，我正在执岗，无法离岗，请您询问其他工作人员	忌语示例： (1) 这是规定，不检不行！ (2) 你不听，就报公安！ (3) 不知道，问别人去。 (4) 这不归我管
解答线路问询	熟知城市轨道交通路网线路及车站周边换乘等相关信息，准确提供线路咨询服务	您好。您先要乘坐去往××方向列车，到××站下车后，换乘××线，再乘坐去往××方向列车，到××站下车，就可以了	不当行为： (1) 错误告知乘客信息。 (2) 不知道
人工售票	售票服务过程： (1) 问清购票张数，乘车路线。 (2) 唱收票款金额及购票张数。 (3) 找零准确。 售卡、充值过程： (1) 问清乘客购卡张数、充值金额。 (2) 通过语言及客显屏请乘客确认，充值过程准确。 (3) 将卡、找零、水单、发票一同交给乘客。 收款、找零规范： (1) 将收取票款放在售票台面上乘客可见处。 (2) 找零做到有新不给旧、有整不给零。 (3) 严禁拒收旧钞、零币、分币。 (4) 当有乘客等候已久或表现出不耐烦的情绪时，应进行适当安抚	(1) 您好。 (2) 请您稍等。 (3) 请您按顺序排队购票。 (4) 您好，请问您买几张票？ (5) 收您××元，您的钱正好。 (6) 找您××元，请收好。（将卡、找零、水单、发票同时交给乘客） (7) 您好，请问您充值多少元？ (8) 您充值××元，请您确认。（说话过程中，用手指向屏幕给乘客看） (9) 请您换一张，这张钱币残缺超标（这张纸币有问题）。谢谢。 (10) 对不起，让您久等了	忌语示例： (1) 我们这里没零钱。××元，我们找不开。 (2) 等会儿，我这里数钱呢。 (3) 这钱太脏、太破啦，换一张。 (4) 这张是假币。 不当行为： 对乘客不耐烦情绪视而不见

续表

服务环节	工作要求	规范语言示例	不当行为/忌语示范
自动售票机售票	(1) 乘客自助购票区，应有站务员站在乘客容易观察到的位置，为乘客购票提供必要服务。 (2) 细心观察，主动为不熟悉自助购票操作的乘客提供服务。 (3) 遇有多名乘客同时寻求帮助时，不慌乱，不急慢，按顺序依次提供服务	(1) 您可使用自动售票机进行自助购票/充值。 (2) 请您稍等，我逐一为大家处理。 (3) 您可依据自动售票机的提示自助购票。 (4) 我这里可以为您提供换币服务。 (5) 我可以帮助您使用自动售票机	不当行为： (1) 乘客自助购票发生困难时，视而不见。 (2) 乘客要求帮助时，推诿搪塞。 忌语示例： (1) 我这里忙着呢。 (2) 自己看机器说明
检票进站	(1) 细心观察，微笑服务，主动热情。 (2) 乘客遇票卡问题时，要耐心安抚，快速处理	(1) 请您右手持卡，有序刷卡。 (2) 带小孩的乘客请让小孩先行（走在前面）。 (3) 请您刷卡（投票），快速进站	忌语示例： 谁知道你怎么刷的啊

4. 服务评价

对于站厅区的客运服务，主要从以下 5 方面进行评价：

① 进入站厅过程是否顺畅？

② 问询服务是否周到？

③ 安检是否顺畅？

④ 购票是否便捷？

⑤ 检票是否通畅？

📖 **案例链接**

因未听清乘客要求引起的投诉

1. 事件

某日，乘客在地铁车站要求为交通卡充值 50 元，并递给票务员一张 100 元的钞票。票务员收下后立即进行了充值 100 元的操作，随后将卡递还给乘客。在此过程中票务员并未向乘客确认充值的金额。当乘客表示"充错了"时，票务员说："钱已经加进去了，我也没办法。"由此乘客不满，投诉至热线。

2. 分析

此案例中票务员的行为存在以下问题：

① 在进行充值操作时应严格按照规范程序进行。本案例中票务员在没有明确乘客要求的前提下就进行操作，违反了最基本的岗位要求。

② 票务员岗位作业标准要求：对交通卡充值必须进行两次确认，即充值前请乘客确认卡内余额，充值后确认现有金额。本案例中票务员未做到二次确认，违反了作业规范。

③票务员在发现服务失误后，应及时进行服务补救。但此案例中票务员发现自己出现差错后，不但没有积极采取补救措施，而以"没办法"为借口推脱，造成了严重的服务失误。

3. 可采取措施

针对票务员在工作中存在的问题，建议采取如下措施：

①在充值后发现自己的工作失误，应积极主动地向乘客表示歉意，承认是由于自己的工作失误造成了乘客的损失。

②及时向乘客表达歉意，并以诚恳的态度与乘客沟通，在尊重乘客意见的基础上与乘客商量合理的补救措施。

④如果乘客提出的补救措施自己无法实施，可以请值班站长出面解决，避免激化矛盾。

子任务6.3.4　站台区客运服务

1. 服务内容

站台区的客运服务内容包括乘降组织和信息服务。

1）乘降组织

目前，多数城市轨道交通已经采用屏蔽门技术，既可以为乘客提供一个舒适的候车环境，又能保障乘客的候车安全。同时，在屏蔽门与候车区之间设有明显的候车安全线，并标注上车候车区和下车区，协助有序上下车，如图6-16所示。

在候车期间，站务员负责维持站台候车秩序，提示乘客在列车未进站停稳、车门未完全打开之前，不要越过安全线，以防发生意外事件。

图6-16　屏蔽门与安全线、候车线

2）信息服务

站台区的信息服务通常有两种形式，一种是自动广播系统，当后续列车驶入车站接近区段时，广播系统自动工作，为乘客预报下次进站列车的方向；另一种是在站台设置同位显示器（见图6-17），向乘客预告列车运行情况及还需几分钟到站。

图6-17　同位显示器

2. 服务要点和服务目标

站台区的客运服务要点和服务目标如图6-18所示。

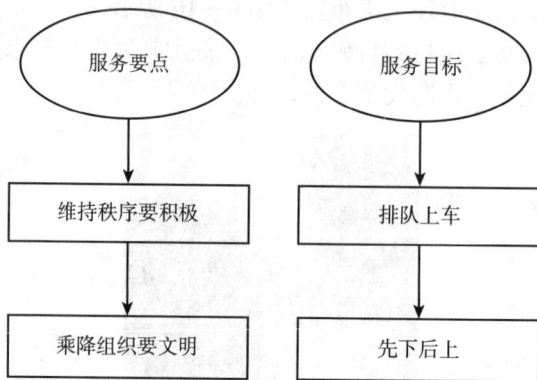

图6-18　站台区的客运服务要点和服务目标

3. 服务规范

在站台区的客运服务过程中，站务人员的服务规范如表6-3所示。

表6-3 站台客服规范

服务环节	工作要求	规范语言示例	不当行为/忌语示范
乘降组织	(1) 积极宣传,组织乘客分散上车、文明候车、乘降。 (2) 发现异常情况及时汇报,果断采取措施	候车组织: (1) 请您站在安全线以内候车。 (2) 请您不要倚靠屏蔽门,以免发生危险。 (3) 请您按照候车线指示,排队候车。 (4) 请您分散候车,谢谢合作。 乘降组织: (1) 现在是乘车高峰时段,请您分散车门上车。 (2) 请您抓紧时间上下车,先下后上,谢谢合作。 (3) 请不要抢上抢下,顺序上下。 (4) 请您往车厢中部走。 (5) 车门即将关闭,上不去车的乘客请让开车门,退到安全线以内耐心等候下次列车,以免发生危险。 (6) 请不要冲撞屏蔽门,耐心等待下次列车	不当行为: 发生异常情况,臆测原因,随意向乘客解释。 忌语示例: (1) 别磨蹭! (2) 干嘛呢!
信息服务	(1) 对站台候车乘客广播排队候车、安全乘车的信息。 (2) 列车进站时广播列车开行方向、安全候车的信息	站台候车: (1) 去往××方向乘客请注意,本次列车为末班车。 (2) 开往××方向的列车即将进站,请您注意安全。 换乘引导: (1) 乘客您好,换乘××号线,请按照导向标识从××处进行换乘。 (2) 去往××号线××方向的乘客请注意,××号线××方向已无车,请改乘其他交通工具	不当行为: (1) 广播语气生硬、急促。 (2) 广播过快,咬字不清。 (3) 广播内容有误

4. 服务评价

对于站台区的客运服务,主要从以下6方面进行评价:

① 进入站台区的标识是否清晰?

② 站台区的标识信息是否清晰?

③ 候车时间是否过长?

④ 上车过程是否无序?

⑤ 车次预告是否准确?

⑥ 能否做到先下后上?

子任务6.3.5 乘车客运服务

1. 服务内容

城市轨道交通车站之间的区间距离为1~2 km,客车站间运行时间短,所以不在车上设服务员。乘客在列车中完成乘车过程,要求列车运行平稳、车内不拥挤、整洁舒适,且能随时了解列车的运行情况及到站信息等。所以乘车途中的客运服务主要包括两方面的内容:

① 提供舒适、适宜的车厢环境；
② 提供准确的信息服务，包括到站信息预告和正确的线路图、换乘信息。

2. 服务要点及服务目标

乘车过程中的客运服务要点及服务目标如图 6-19 所示。

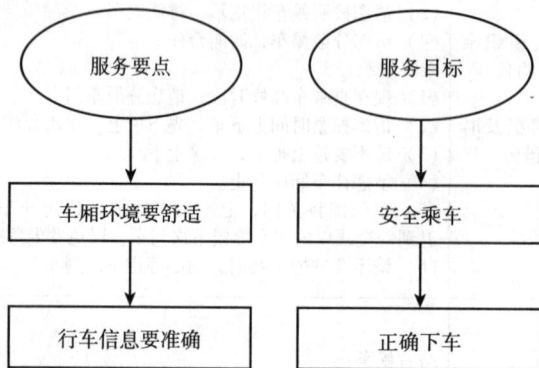

图 6-19　乘车过程中的客运服务要点及服务目标

3. 服务规范

在乘车过程中，城市轨道交通的乘车服务规范如表 6-4 所示。

表 6-4　乘车服务规范

服务环节	工作要求	规范语言示例	不当行为/忌语示范
车厢环境	（1）提供清洁、舒适、安全的乘车环境。 （2）提供准确的行车信息和线路信息。 （3）发现异常情况及时汇报，果断采取措施	（1）各位乘客，尊老爱幼是中华民族的传统美德。乘车时，请将座位让给老、幼、病、残、孕等乘客，谢谢您的合作。 （2）各位乘客，乘车时，请不要吸烟、吐痰、乱扔废弃物，谢谢您的合作	不当行为： （1）发生异常情况，臆测原因，随意向乘客解释。 （2）报错站
信息服务	（1）车厢应在适当位置显示静态或动态的城市轨道交通线路图。 （2）广播系统播放换乘、到站信息	（1）列车运行前方，是××站，下车的乘客请提前做好准备。 （2）下一站，××站，乘客可换乘××号线或××号线。	

4. 服务评价

乘车客运服务从以下 6 方面进行评价：
① 座位及扶手设置是否合理？

② 报站是否清晰准确?

③ 车厢内线路图是否正确?

④ 车厢内温度是否适宜?

⑤ 车厢内是否整洁、无异味?

⑥ 车厢内广告是否音量适中?

子任务 6.3.6 换乘客运服务

换乘是指乘客从一条线路的列车下车后再乘坐另一条线路的列车。换乘分同站台换乘和非同站台换乘两种,若为同站台换乘,则无须穿过换乘通道,站台区客运服务就可以满足换乘需要;若为非同站台换乘,则从一条线路下车后需要穿过换乘通道才能到另一条线路的站台候车,此时就需要车站在换乘通道处提供额外的换乘服务,这里所说的换乘服务适用于有换乘通道的非同站台换乘。

1. 服务内容

从换乘的便捷性考虑,换乘站在设计上应该尽量缩短换乘距离,换乘引导标识的指示方向要明确、清晰,换乘通道照明适度、环境舒适,地下通道通风良好。因此,换乘服务的主要内容包括:

① 提供舒适的换乘通道环境;

② 在需要设置换乘标识的位置提供清晰的换乘指向标识;

③ 换乘需要搭乘电梯时,乘梯组织要到位。

2. 服务要点及服务目标

换乘过程中的客运服务要点及服务目标如图 6-20 所示。

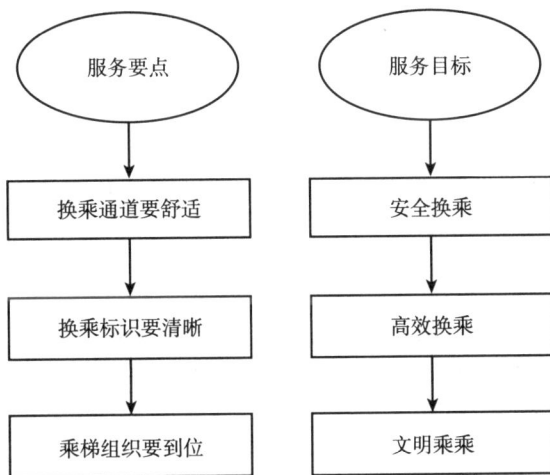

图 6-20 换乘过程中的客运服务要点及服务目标

3. 服务规范

在换乘过程中，城市轨道交通的换乘服务规范如表6-5所示。

表6-5 换乘服务规范

服务环节	工作要求	规范语言示例	不当行为/忌语示范
乘梯组织	(1) 宣传引导乘客文明乘梯。 (2) 发现异常情况及时汇报，果断采取措施	(1) 请您文明乘梯。 (2) 请注意安全，扶（握）好扶手。 (3) 请您站稳、扶好。 (4) 请您靠右站立，左侧通行。 (5) 请照顾好老人及儿童	忌语示例： 你怎么不站稳了啊
信息服务	换乘指向标识要清晰、易辨认		

4. 服务评价

换乘服务从以下6方面进行评价：

① 换乘指向标识是否醒目？

② 换乘指向标识的指向是否明确？

③ 换乘路径是否过长？

④ 换乘通道的乘梯组织是否到位？

⑤ 换乘通道的空气是否清新？

⑥ 换乘客流是否与进出站客流交叉？

子任务6.3.7 出站客运服务

1. 服务内容

1）检票出站

乘客到达目的站后，持票卡验票出站，站务员引导乘客从所需的出入口出站。对所购票卡票款不足的乘客，车站应提供补票服务。如果使用自动售检票系统，车站还须提供票卡分析服务。

2）信息服务

车站出入口应有各类导向标识（见图6-21），告知乘客出站的方向，以及从哪个出口可以在出站后到达所要前往的地方。同时，站务员要熟悉周边环境及地面公交换乘信息，为前来咨询的乘客进行解答。

图 6 - 21　出站标识

2. 服务要点及服务目标

出站客运服务要点及服务目标如图 6 - 22 所示。

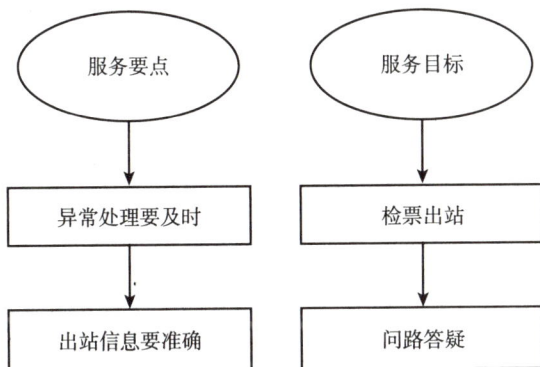

图 6 - 22　出站客运服务要点及服务目标

3. 服务规范

在出站过程中，城市轨道交通的客运服务规范如表 6 - 6 所示。

表 6 - 6　出站客运服务规范

服务环节	工作要求	规范语言示例	不当行为/忌语示范
检票出站	（1）细心观察，微笑服务，主动热情。 （2）遇乘客有票卡问题，要耐心安抚、快速处理	（1）请您右手持卡，有序刷卡。 （2）带小孩的乘客，请让小孩先行（走在前面）。 （3）车票回收，请您投票出站。 （4）请您刷卡（投票），快速出站	忌语示例： 谁知道你怎么刷的啊

服务环节	工作要求	规范语言示例	不当行为/忌语示范
解答线路问询	熟知城市轨道交通路网线路及车站周边换乘等相关信息，准确提供线路咨询服务	(1) 您好。您从××口出站后，先要乘坐去往××方向列车，到××站下车后，换乘××线，再乘坐去往××方向列车，到××站下车，就可以了。 (2) 您要去的××处，应在××出口外	不当行为： (1) 错误告知乘客信息。 (2) 不知道

4. 服务评价

出站服务从以下 6 方面进行评价：

① 出站标识是否清晰？

② 出站口信息是否准确、清楚？

③ 检票出站是否方便？

④ 票务问题处理是否快捷？

⑤ 问询服务是否热情？

⑥ 出站后换乘公交是否方便？

子任务 6.3.8　特殊乘客的无障碍服务

城市轨道交通是为广大市民提供运输服务的准公共产品，因此日常客运服务工作中总会遇到身体残疾、乘坐轮椅等的残障乘客进站乘车。对于这类特殊乘客，需要为其提供无障碍乘车服务。

特殊乘客的无障碍服务，主要涉及 3 个方面：无障碍标识，无障碍通道，无障碍服务支持。

1. 无障碍标识

根据国家有关规定，所有的城市轨道交通车站都同步建设电梯、楼梯升降机、盲道、扶手等无障碍设施，协助需要帮助的残障乘客掌握通往各个区域的信息和线路，安全、通畅、方便地将他们引导到要去的地方。图 6-23 所示为城市轨道交通车站常见的无障碍标识。

图 6-23　城市轨道交通车站的无障碍标识

为方便盲人搭乘城市轨道交通，在城市轨道交通车站里还设计有盲文标识，示例如图 6-24 所示。

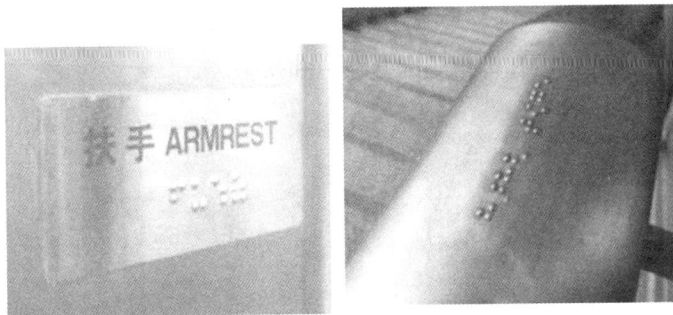

图 6-24　城市轨道交通车站里的盲文标识

2. 无障碍通道

城市轨道交通设计规范规定，每个车站至少要有一条无障碍通道。这个无障碍通道需要能从车站出入口到达候车站台，全程满足残障人士的乘车需要。

无障碍通道由无障碍电梯、轮椅坡道及扶手、盲道、无障碍卫生间组成，如图 6-25 所示。

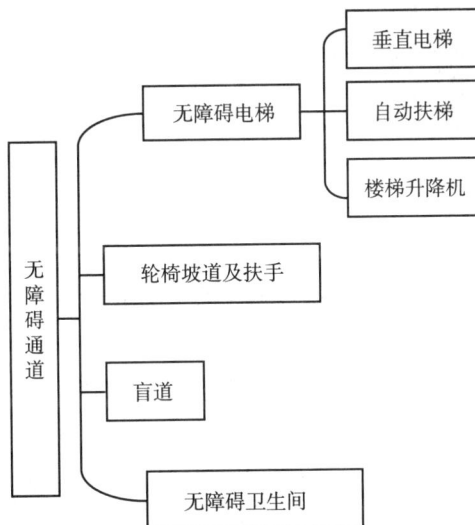

图 6-25　无障碍通道的组成

① 无障碍电梯。电梯是理想的垂直通行工具，可以很容易地实现车站出入口与站厅层、站厅层与站台层之间的垂直位移。

② 轮椅坡道及扶手。坡道是用于联系地面不同高度空间的通行设施，在城市轨道交通车站的各出入口及无障碍电梯处供轮椅通行的地方，通常设置为直线型、直角型或折返型坡道，在坡道的两侧设置扶手，在扶手栏杆下端设置不小于 50 mm 的坡道安全挡台，方便轮

椅乘客等特殊乘客使用。

图 6 - 26 所示是无障碍电梯标识其配套坡道和扶手。

图 6 - 26　无障碍电梯标识及其配套坡道和扶手

③ 盲道。站内盲道接轮椅坡道设计，通向售票处、检票闸机、候车线，为盲人乘车提供便利。站外盲道则从车站出入口直通市政盲道，实现盲人出行无障碍连接。图 6 - 27 所示为城市轨道交通车站站台上的盲道。

图 6 - 27　站台上的盲道

④ 卫生间。卫生间是任何建筑中都不可缺少的重要组成部分之一，绝大多数城市轨道交通车站都设置有无障碍卫生间。在无障碍卫生间中，通常设置有供轮椅乘客使用的空间，在洁具周围设置有直径为 30 ~ 40 cm 的安全抓杆，抓杆应安装牢固，且距墙面至少 4 cm，方便残障人士使用。无障碍卫生间及其标识如图 6 - 28 所示。

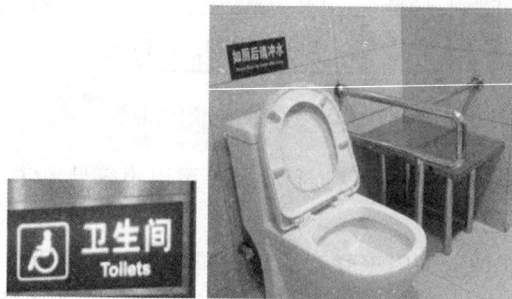

图 6 - 28　无障碍卫生间及其标识

📖 **案例连接**

南京地铁一号线的无障碍设计

在南京地铁一号线中，参照规范要求设置了两部无障碍电梯。一部设于地面出入口附近，供残障乘客由地面下行至人行通道内，再经人行通道行至站厅非付费区另一部电梯处，最终由第二部电梯送至站台层候车，到达目的站后沿相反方向离站。

无障碍电梯候梯厅和电梯轿厢的设计标准如下：

① 乘轮椅者到达候梯厅后需转换位置再等候，因此候梯厅的设计深度均不小于1.8 m或朝向站厅开阔区域，且候梯厅的呼叫按钮的高度在0.9～1.1 m范围内，以方便乘轮椅者使用。在电梯入口处铺设提示盲道，以告知视残乘客电梯入口的准确位置。为保证乘轮椅者顺利进入电梯，电梯门洞设计宽度均不得小于0.9 m。

② 为方便轮椅乘客进入电梯轿厢，电梯门开启后的净宽均不小于0.8 m。为方便轮椅在电梯厢内回转调头，电梯轿厢深度不小于1.4 m。电梯轿厢内三面设有高为0.85 m的扶手，扶手易于抓握且安装牢固。

3. 无障碍服务支持

城市轨道交通的无障碍通道、无障碍标识，均属于无障碍服务的硬件设施。要真正实现无障碍服务，还需要有相应的服务支持。

无障碍服务支持包括政策层面的无障碍支持和面对面服务层面的无障碍支持两种。

① 政策层面的无障碍服务支持，源于城市轨道交通运营企业的决策层，比如设计轮椅乘客乘车免费、盲人乘客乘车免费、开辟残疾乘客专用通道等政策，从制度层面为残障乘客提供服务。

② 服务层面的无障碍支持，指的是站务人员对残障乘客提供的面对面服务。比如，在"无障碍"服务过程中，针对进站乘车的残障人士采取"一对一"服务措施。当残障人士到达车站时，通过拨打车站各出入口、电梯处的爱心服务热线与工作人员取得联系，工作人员及时地帮助残障人士进站乘车（见图6-29左图），同时在残障人士登车以后，及时通知目的地车站做好接应准备，帮助其顺利出站（见图6-29右图）。

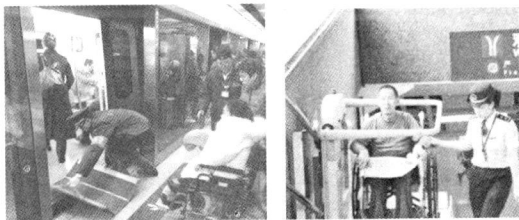

图6-29　站务员为残障乘客提供乘车服务

任务6.4 客运服务质量控制

城市轨道交通的客运服务具有即时性特征，一旦乘客离开城市轨道交通系统，运输生产过程即告结束。所以，运输产品只在生产与消费过程中即时存在，不能储存，不能调拨，对其质量的控制，必须是针对服务过程中各个环节进行有效的管理与控制，只有这样才能保证所提供的服务能够较好地满足乘客需求。

城市轨道交通客运服务质量控制主要分三个阶段，即事先控制、同期控制和反馈控制，如图6-30所示。

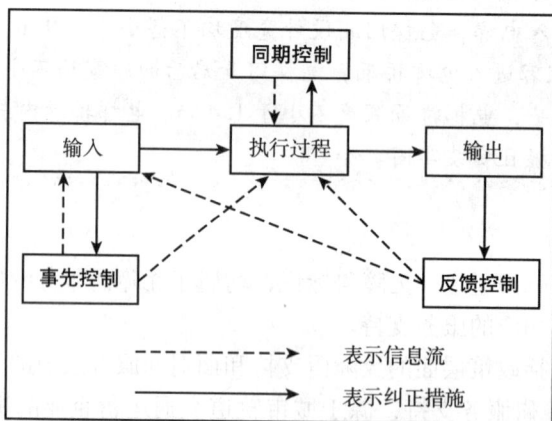

图6-30 客运服务质量控制

三个阶段的控制形成一个完整的服务质量控制过程，并且三者之间互相关联，各有侧重。通过这三个阶段的控制，可以保证工作按计划完成，并且及时纠正出现的任何显著的偏差，改进服务质量，提高乘客对城市轨道交通服务感知质量。

子任务6.4.1 事先控制

定义：事先控制是指城市轨道交通运营企业为了预防问题的出现而采取的控制方式，这也是企业最希望采取的质量控制方式。

这种控制方式发生在实际工作开始之前，是以未来为导向的，在设计开发过程中应确定每一个工作流程需要完成的工作内容及标准。

在这一控制阶段，城市轨道交通运营企业需要根据乘客对服务的需要，结合企业经营理念、企业文化、企业经营能力、市场竞争环境等，设计出服务规范、服务提供规范和服务质量控制规范。

1. 服务规范

服务规范规定的是城市轨道交通客运服务应达到的水准和要求，是阐述要求的文件。

在这个规范中，清晰描述城市轨道交通服务的特性，包括：乘客等待时间、乘车安全性、可靠性、卫生状况，服务人员的应变能力、礼貌程度，提供服务的便捷性、舒适性、准确性等。例如《城市轨道交通运营服务规范》中规定："车站的出入口、通道、站厅、站台等公共区域应保持通畅，服务设施、设备运行良好，客流有序，满足乘客进站、购票、验票、候车、乘车、出站的条件。"

2. 服务提供规范

服务提供规范依据服务规范来制定，规定的是在服务提供过程中应达到的水准和要求，在这个规范中应明确每一项服务活动怎样做才能保证服务规范的实现，也就是要实现服务过程的程序化和服务方法的规范化。服务提供规范包括服务提供内容和服务提供程序两部分。

1）服务提供内容

在服务提供内容方面，应明确规定：

① 设备设施的类型、数量及可靠性。在城市轨道交通服务全过程中，乘客使用的设备和设施有许多，如车站的自动售票机、自动扶梯、列车车辆等。这些设备的工作状态对服务质量有直接影响。因此，企业应确保提供给乘客使用的设备设施能够达到特定服务所规定的内容和标准，并向乘客提供明确的设备使用说明。

② 服务人员的数量和岗位职能。在提供服务的过程中，服务人员的行为直接影响服务质量。所以，服务人员的数量和能力必须满足服务规范的要求，需要制定明确的服务人员工作、规范及岗位工作标准等。

2）服务提供程序

除了规定服务提供内容外，还需要编制一套服务提供程序，详细描述服务工作各阶段的划分及前后衔接程序。

3. 服务质量控制规范

服务质量控制规范规定的是怎样去控制服务的全过程，如服务质量的测评方法、测评内容、测评机制等。它是针对服务提供全过程中各部门、各环节提出的，其内容和要求应能有效地控制每一个服务环节和过程，以确保服务始终符合服务规范且能满足乘客的需要。

轨道交通服务质量控制规范的内容主要包括对以下3方面的控制：

① 售检票设备、车辆、屏蔽门等服务设施设备；

② 站务员、值班员、值班站长等站务人员；

③ 购票环境、候车环境、乘梯环境等服务资源。

子任务6.4.2　同期控制

定义：同期控制是指在服务活动进行中发生的控制。通过控制服务活动过程，管理者可以在发生重大损失之前及时纠正问题。

"位移"是城市轨道交通运营企业为乘客提供服务过程的结果，服务提供过程对乘客最终形成的感知质量有直接影响。所以，在客运服务质量管理中，应该把工作重点放在服务提供过程中，即放在同期控制上。

在城市轨道交通客运过程中，从乘客进入城市轨道交通系统后，乘客将经历安检系统、售检票系统、车站服务、列车服务等，每个服务环节都可以分解成一个个服务人员（或服务设备）和乘客相互作用的时间点，这样的点被称为服务的真实瞬间。在对服务质量进行同期控制时，可以从服务人员与乘客、服务设备与乘客互动过程中的真实瞬间加以控制。

1. 服务人员与乘客互动控制

在城市轨道交通客运过程中，乘客总要与服务人员打交道，尤其是一线服务人员，他们直接向乘客提供服务。

乘客与服务人员的互动是面对面的，这些与乘客直接接触的服务人员是服务提供中最关键的资源，因为无论系统、技术和有形资源多么重要，都要依靠与乘客接触的员工才能发挥作用，所以在服务提供过程中，控制好一线服务人员的服务质量至关重要。

2. 服务设备与乘客接触控制

乘客除了与服务人员接触之外，也要与服务设备接触，在信息化、自动化日益加强的城市轨道交通系统中，乘客与服务设备的接触更为密切。

服务设备的数量、布局、质量、性能和工作状态直接影响乘客感知的服务质量，如安检设备的传送带速度、自动售票机的功能好坏、闸机的工作效率等。这就要求在服务的提供过程中，注意监控服务设备的运行情况，尽量使各种服务设备保持在最佳运行状态，为乘客提供优质服务。

子任务 6.4.3　反馈控制

定义：反馈控制是指在服务结束后对服务业绩进行分析，并将信息反馈给相关人员和环节的控制过程。

1. 反馈控制的作用

良好的反馈控制，可以起到以下作用：

① 使管理者了解标准及计划的执行效果，为事先控制提供依据；

② 对服务过程中出现的失败进行补救，并及时改进相关环节，提高服务质量；

③ 通过对员工的工作质量信息反馈，对员工产生激励作用。

在反馈控制过程中，对服务质量影响最大的是运营企业对服务失败所做的补救，其实质就是在服务失误后，服务提供者为提高顾客满意度，对顾客的不满和抱怨做出反应，为减少顾客背离而采取的一种提高服务质量的活动，其目的是修正与弥补服务过程造成的服务失误，使顾客满意，并建立顾客忠诚。比如，城市轨道交通运营企业对自动售检票设备故障、列车运行故障、客运服务失当等事件对乘客进行的补救。

2. 乘客投诉

研究表明，当出现服务失误事件后，只有4%的乘客会向有关部门进行抱怨或投诉，而96%的乘客不会抱怨，但他们会向9~10人倾诉自己的不满（坏口碑）。可见，若对乘客不满采取"不抱怨不处理"的态度，将严重影响乘客感知服务质量和顾客满意；若对乘客投诉处理不当，更会影响乘客忠诚，使企业在竞争中处于不利的境地。

乘客在消费交通服务的过程中可能会针对服务的各个方面进行投诉。按乘客投诉的内容分，可分为以下4类：

① 不规范服务投诉，是指由于车站工作人员违反工作标准、使用服务禁忌语、服务态度生硬、未按操作规程处理而引起乘客投诉；

② 乘车环境投诉，包括站、车卫生和设施设备两方面原因造成的投诉，站、车卫生投诉是指车站管辖范围及车厢卫生状况差引起的乘客投诉，站、车设施设备投诉是指因设施设备故障、服务设施缺陷给乘客带来不便引起的投诉；

③ 票款差错投诉，是指由于工作人员工作失误、违反操作规定和程序，造成票、款差错引起的投诉；

④ 列车运行投诉，是指因设施设备故障或其他突发事件造成列车不能正常运行，影响服务质量或相应善后处理欠缺引起的乘客投诉。

乘客投诉有两个目的，一是改变事情的不合意状态，二是发表对事情的看法与观点，给予企业警示，但前者往往只占投诉的很小一部分。乘客投诉内容中，有一部分是因工作人员工作失误、违规操作，设施设备保障不力且未能及时改善或提出改进措施而引起的投诉，称为有责投诉。另一类是因自然灾害、乘客自身原因等客观原因导致车站设施缺陷无法立即整改的问题而引发的投诉。

为提高乘客的忠诚度，城市轨道交通运营企业需要耐心听取乘客的投诉内容，了解乘客的投诉目的，据此进行相应的服务补救。

3. 服务补救

1）服务补救原则

① 服务补救要及时、主动，要立即采取积极的补救措施以满足乘客的需要，如向乘客致歉、适当赔偿等。

② 对被投诉的不合格服务的根本原因进行分析，以采取必要的、长期的纠正措施，防止问题再次发生。对于有责投诉，城市轨道交通运营企业必须认真对待：一方面应给予乘客补偿性服务，另一方面应对乘客投诉进行案例分析，对服务过程和服务标准进行优化和改进。对于无责投诉，如果是由于自然灾害等不可抗力引起的投诉，城市轨道交通运营企业应提高突发事件处理能力；对于乘客自身原因引起的投诉，城市轨道交通运营企业应该加强宣传。

2）服务补救分类

按照服务补救的内容和作用，可以将城市轨道交通服务补救分为情感补救、物质补救和忠诚补救三大类。

① 感情补救。乘客通常认为，最有效的补救办法是企业一线服务人员主动地出现在现场，承认问题的存在，并向其道歉，当面将问题解决。除此之外，城市轨道交通运营企业还应向乘客表达关切之意和同情之心，从心理上对乘客的情感损失进行补偿，例如对列车晚点给乘客造成的不便道歉。

② 物质补救。城市轨道交通运营企业应该以乘客利益为重，了解乘客的真实意图，为其提供物质上的补救。实际上，物质补救就是以一种有形化的形式对乘客进行补偿。

③ 忠诚补救。忠诚补救实质上是对乘客进一步的"奖励"式的补救。在实施情感补救和物质补救之后，基本上可以消除乘客的不满，弥补服务失误对乘客造成的损失，而服务补救的真正意图和最终目标应是维系乘客满意，并实现乘客忠诚，因此，忠诚补救是不可或缺的。

3）服务补救技巧

服务补救起因于服务失误。正确的服务补救可以重新树立企业的正面形象。针对不同类型的服务失误，城市轨道交通运营企业在进行服务补救时应采用一定的服务补救技巧，具体如下。

（1）对乘客的不满和投诉表示重视

为了能够清楚地了解乘客所提出的问题，投诉接待者在听取乘客投诉时必须认真，目光注视乘客，关键处点头示意，让乘客意识到"车站的管理者在认真听取我的意见"，而且听取乘客意见的人可多次强调"我理解，我明白，一定认真处理这件事情"，以表明对意见的重视。为了使乘客逐渐消气息怒，接待者可以用自己的语言重复乘客的投诉或抱怨内容，即采用同情心倾听的方法。若遇上非常认真的投诉乘客，在听取乘客意见时，还应做一些听取意见记录，以示对乘客的尊重及对反映问题的重视。

（2）对乘客表示同情和歉意

在进行服务补救的过程中，首先应该让乘客了解到你非常关心他，重视他反映的问题。若乘客表现得十分认真，接待人员还应该不时地表示对乘客的同情，如："我们非常遗憾，听到此事非常地抱歉，我们理解你现在的心情。"

（3）根据乘客要求采取补救措施

城市轨道交通服务人员要完全理解和明白产生失误的原因，以及乘客为什么会抱怨和投诉。当决定采取补救措施时，一定要让乘客知道他们的意见或观点已经被采纳，并让乘客了解企业的处理决定及具体补救内容，以证明纠错的诚意。

如果乘客不知道或仍不满意这一处理决定，就说明乘客对企业所采取的处理决定存在不同的理解和看法，那么就要避免盲目采取行动。接待人员应该与乘客充分沟通，并达成一致意见。在与乘客沟通时，必须注意语言、语气，可以按下列方式征求乘客对所采取改正措施的意见：

① ××先生，我将这样去做，您看是否合适？

② ××小姐，我将这样去安排，您是否满意？

（4）服务补助行动要迅速

当乘客完全同意接待者的补救措施时，就要抓紧时间予以实施，高效率地实施措施就是对乘客的最大尊重。一方面，耽误时间只会进一步引起乘客不满；另一方面，耽误时间还可能会引起乘客改变先前达成一致意见的补救措施，反而提出一些不合理的补救要求。

（5）将服务补救进展和状况随时告知乘客

乘客不仅需要服务补救迅速及时，而且也希望能够清楚地了解服务补救的进展情况。对那些不能够立即完成的服务补救，接待者应该坦诚地告诉乘客企业正在做的努力，并及时把服务补救过程中的相关情况告知乘客，让乘客相信他们所遇到的问题正在解决。

（6）落实、监督、检查补偿乘客投诉的具体措施

要想使乘客投诉处理获得良好的效果，最重要的一环便是落实、监督、检查已经采取的补救措施。首先，要确保补救措施的进展落到实处；其次，要使服务水准及服务设施均处在最佳状态；最后，向乘客致电、致信或家访，问明乘客是否满意。

子任务6.4.4　案例分析

案例1

因票务员作业不规范引起的投诉

1. 事件

某日下午，乘客在地铁车站用50元买了7张车票，票务员将一叠车票和找零给乘客，乘客进站时发现车票少了一张，回到售票窗口向票务员求证，票务员坚持说自己没错。于是乘客找来值班站长，通过封窗结账证实，票务员确实少给乘客一张车票。事后乘客向热线投诉，对票务员与值班站长在结账的半小时内始终未说过一句表示歉意的话感到不满。

2. 分析

此案例中服务人员的行为存在以下问题：

① 票务员将一叠车票和找零一起交给乘客，没有做到当面点清，违反了售票工作"一收、二验、三售找、四清"的规定。

② 按日常服务要求，当乘客指出票款出错时，票务员应当向值班站长申请封窗结账，但票务员坚持说自己没错，扩大了矛盾。

③ 如果服务人员出现工作差错，应及时、主动地向乘客道歉，按"无理不强争，得理要让人"的原则取得乘客谅解。在发生工作差错后，票务员和值班站长均未向乘客道歉，显然不能取得乘客满意，服务水平不高。

3. 可采取的措施

此案例在事前、事中、事后三个阶段均存在服务不足的地方。事前不按服务规范执行；事中不理不睬，激化了矛盾；事后不予道歉，说明工作人员缺乏业务和职业道德素养。

针对服务人员工作中存在的问题，建议采取如下措施：

① 票务员应当严格按照作业程序售票。如在本案例中应提醒乘客当面点清车票和找零。当乘客提出质疑时，票务员可礼貌地先提醒乘客再找找，在乘客坚持的情况下，票务员应向值班站长汇报，申请封窗结账。

② 若客流量大，则可请乘客留下联系方式，承诺结账后给予答复，并主动提出将多收票款送上门或寄给乘客，取得乘客的谅解。确有差异时，应及时道歉。

③ 值班站长作为车站管理人员，在处理服务纠纷时应区别对待：若票务员并无过错，应做好乘客解释工作；若票务员确有过错，则应及时纠正，并向乘客表示歉意，取得乘客的谅解。

案例2

因设备故障而造成的服务失误

1. 事件

某日，一名乘客到城市轨道交通车站内的自动售货机买饮料，但是售货机吃钱，既买不到饮料，也退不了币，随后乘客向站务员反映，站务员以该设备非地铁站所有为由，不予受理。乘客不满，事后投诉。

2. 分析

此案例中站务员的行为存在以下问题：

① 在提供服务的过程中，面对乘客提出的问题和需求，应积极、耐心地予以解答。如果不能帮助乘客解决问题，应主动帮助乘客寻找其他途径来解决。此案例中，站务员在无法满足乘客提出的合理要求时，用"设备所有权不在车站，与我本人无关"等原因拒绝帮助乘客解决问题。

② 乘客当场反映问题，实际上是给车站一个补救机会，帮其挽回乘客的信任，车站应当抓住这一机会安抚乘客情绪，并给出解决措施，以化解乘客的抱怨，挽回乘客的经济损失。

3. 可采取的措施

针对站务员在工作中存在的问题，建议采取如下措施：

① 站务员在向乘客说明自动售货机的归属时，应先说"对不起"，再给予解释，取得乘客谅解，积极帮助乘客解决问题。

② 乘客当场反映问题，站务员应当及时采取补救措施，尽快为乘客处理好自动售货机吃钱问题，并使用规范文明的服务用语来展现真诚的服务态度，以使乘客满意。

案例3

管理人员处理不当引起的投诉

1. 事件

某日，一位乘客到地铁站票务窗口给公交卡充值，票务员在向其确认充值金额时，乘客说票务员声音太嗲。这一举动引起周边乘客议论，说该乘客吹毛求疵，该乘客随即指责票务员骂她，非常气愤地表示要投诉，于是票务员立即请值班站长到现场处理。

值班站长听完乘客的投诉后，立即让票务员向乘客赔礼道歉。票务员不得已道歉，乘客立即记下她的工号，表示要进一步投诉，并说："她既然道歉，肯定是说过骂我的话了，否则她为什么道歉？"由此，乘客不满进一步升级。

2. 分析

此案例中，车站工作人员的行为存在以下问题：

① 值班站长在面对服务人员与乘客的纠纷时，首先应该对服务失误进行识别，分析失误产生的原因，然后再向乘客道歉。此案例中值班站长在没有完全了解事情真相的情况下，贸然让票务员道歉，挫伤了职工的积极性，并在一定程度上助长了乘客的情绪，使得事件进一步升级。

② 处理乘客投诉的原则是"先处理情感，后处理事件"。当场投诉的乘客一般情绪比较激动，现场处理时应先安抚乘客情绪，但值班车长在处理问题时避重就轻，给问题的解决增加了难度。

③ 对于乘客和票务员各执一词的情况，作为出面解决问题的领导，值班站长不宜强行要求票务员道歉，也不宜让乘客和票务员当面对质。正确的处理方法是可以暂时让当事人分开，待情绪稳定后再行处理。尤其是要重点安抚乘客的情绪，并以领导人的身份先向乘客表示歉意。

3. 可采取的措施

针对车站工作人员工作中存在的问题，建议采取如下措施：

① 值班站长赶到投诉地点后，应礼貌地请乘客至办公室了解事情经过。

② 先就乘客感到的不愉快，代表车站领导向乘客表示歉意。若乘客还有疑问，则

请乘客留下联系方式，承诺3个工作日内给予回复，之后报中心站站长。

③通过乘客的投诉，发现服务工作中确实存在不足的，应及时整改，杜绝类似失误再次发生。

思考与实训6

1. 思考题

思考并回答以下问题：

（1）简述城市轨道交通客运服务的7大特性。

（2）简述城市轨道交通客运服务范围。

（3）按照服务接触程度分，城市轨道交通客运服务分为哪几类？各有什么特点？

（4）简述城市轨道交通客运服务标准。

（5）简述城市轨道交通客运服务流程。

（6）简述进站客运服务的内容及规范。

（7）简述站厅区客运服务的内容及规范。

（8）简述站台区客运服务的内容及规范。

（9）城市轨道交通为身体不便乘客提供了哪些无障碍服务？

（10）应从哪几个环节控制客运服务质量？

（11）服务质量事先控制环节应做好哪些工作？

（12）服务质量同期控制应做好哪些工作？

（13）反馈控制的作用是什么？

（14）乘客投诉内容分哪4类？如何进行补救？

2. 实训任务

任务1： 行为举止规范训练。

任务说明：针对城市轨道交通直接接触服务岗位——值班站长、站务员、值班员，进行基本的行为举止规范训练。通过训练，使学生掌握基本的客运服务举止规范。

训练重点：

① 微笑；

② 坐姿；

③ 站姿；

④ 行姿;

⑤ 蹲姿;

⑥ 目光;

⑦ 助臂;

⑧ 手势。

任务2：票务服务与纠纷处理。

任务说明：学生6人一大组，每大组分2小组，每小组3人，分别扮演购票乘客、票务员和值班站长。一组针对任务6.4.4中的案例1分角色演练，另一组体验错在哪里，然后按正确的方法进行演练。通过训练，掌握正确的售票方法及正确的纠纷处理方法。

实训重点：

① 演练纠纷经过;

② 按照"可采取的措施"中给出的建议，用正确的方法演练正确的售票方法;

③ 按照"可采取的措施"中给出的建议，演练值班站长如何正确处理纠纷。

项目 7

城市轨道交通客运安全管理

项目导学

本项目中,首先介绍城市轨道交通的常用安检设备,然后介绍车站和列车上的应急设备,最后介绍突发事件下和自然灾害中的城市轨道交通应急处理。

教学目标

(1) 了解城市轨道交通车站常用安检设备的特点、工作原理及用法。

(2) 熟悉城市轨道交通车站和列车上的应急设备及用法。

(3) 掌握恐怖活动、火灾、水灾、停电、乘客受伤、物品掉落轨行区、列车撞人等突发事件的应急处理措施及各岗位工作人员的责任。

(4) 掌握地震、大雨、大雪等自然灾害条件下的应急处理方法及各岗位工作人员的责任。

建议学时

12 学时。

任务 7.1　安全检查

子任务 7.1.1　了解安全检查的重要性

车站是乘客进入城市轨道交通系统的门户，安全检查则是保障城市轨道交通客运安全的第一道屏障。走进车站入口，通常都能看到如图 7-1 所示的安全检查提示牌。

图 7-1　车站安全检查提示牌

城市轨道交通安全检查事关所有乘客的人身安全，所以所有乘客都必须无一例外地接受安全检查，经过检查合格后才被允许进入车站。

知识链接

《城市轨道交通运营管理办法》对安检的规定

由建设部发布并于 2005 年 6 月 1 日起施行的《城市轨道交通运营管理办法》（中华人民共和国建设部令第 140 号）第十三条规定："城市轨道交通运营单位可以对乘客携带的物品进行安全检查，对携带危害公共安全的危险品的乘客，应当责令出站；拒不出站的，移送公安部门依法处理。"

案例链接

3·22 布鲁塞尔恐怖袭击事件

2016 年 3 月 22 日，有欧洲心脏之称的布鲁塞尔，遭遇了有史以来最黑暗的一刻，比利时国际机场和地铁站发生连环爆炸，造成 34 人遇难，近 200 人受伤。

从比利时媒体公布的 3 名嫌疑犯图像看，在爆炸前数分钟，两名嫌疑犯戴着黑色手套进入机场（见图 7-2），后来这两人当场死亡，安全专家认为手套中可能隐藏了爆炸启动装置。

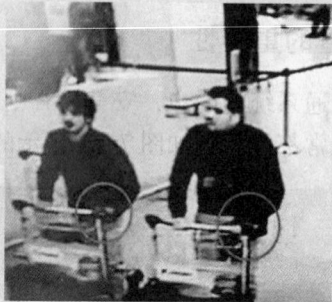

图 7-2　3·22 布鲁塞尔恐怖袭击事件嫌疑人

携带危险品的犯罪嫌疑人为什么能够堂而皇之地进入机场呢？因为欧美大多数国家出于提高运输效率和人性化考虑，他们的城市轨道交通都不设安检，有"欧洲心脏"之称的布鲁塞尔则表现更甚，其地铁和铁路常年不设安检，布鲁塞尔国际机场的出入境大厅也不设安检。

痛定思痛：如果机场设置安检，这期惨案是否就有可能避免了？

子任务 7.1.2　车站安全检查设备的分类

城市轨道交通安全检查的主要目标是检查乘客及其行李物品中是否携带枪支、弹药、易爆、腐蚀、有毒、放射性等危险物品，以确保城市轨道交通和乘客的安全。城市轨道交通安全检查通常使用以下 4 种设备：

① 安检门，主要用于对乘客进行身体检查，检查乘客身上是否携带违禁物品；
② 安检机，主要用于对乘客携带的行李进行检查，检查行李中是否携带违禁物品；
③ 液体检查仪，主要用于检查乘客携带的液体是否为易燃、易爆物品；
④ 手持金属探测器，主要用于对乘客进行近身检查。

📖 知识链接

北京市轨道交通禁止携带物品目录

2015 年 5 月 14 日，在充分调研的基础上，在征求市交通委、运输局、北京地铁公刀、本地地铁公司等部门，以及城管执法、公共安全、反恐防恐、消防等领域专家学者意见的基础上，北京市公安局公交总队召开新闻发布会公布《北京市轨道交通禁止携带物品目录》，禁带物品如下：

一、枪支、子弹类（含主要零部件）

（一）军用枪：手枪、步枪、冲锋枪、机枪、防暴枪等，以及各类配用子弹。

（二）民用枪：气枪、猎枪、运动枪、麻醉注射枪等，以及各类配用子弹。

（三）其他枪支：道具枪、发令枪、钢珠枪等。

（四）上述物品的样品、仿制品。

二、爆炸物品类

（一）弹药：炸弹、照明弹、燃烧弹、烟幕弹、信号弹、催泪弹、毒气弹、手雷、地雷、手榴弹等。

（二）爆破器材：炸药、雷管、导火索、导爆索、导爆管、震源弹等。

（三）烟火制品：礼花弹、烟花、鞭炮、摔炮、拉炮、砸炮等各类烟花爆竹以及发令纸、黑火药、烟火药、引火线等。

（四）上述物品的仿制品。

三、管制器具及具有一定杀伤力的其他器具类

（一）管制刀具：匕首，三棱刮刀，带有自锁装置的弹簧刀（跳刀），刀尖角度小于60度、刀身长度超过150毫米的各类单刃、双刃和多刃刀具，刀尖角度大于60度、刀身长度超过220毫米的各类单刃、双刃和多刃刀具，以及符合上述条件的陶瓷类刀具。

（二）催泪器、催泪枪、电击器、电击枪、防卫器、弓、弩等具有一定杀伤力的器具。

（三）射钉弹、发令弹等含火药的制品。

（四）菜刀、砍刀、美工刀等刀具，锤、斧、锥、铲、锹、镐等工具，矛、剑、戟等，以及其他可造成人身被刺伤、割伤、划伤、砍伤等的锐器、钝器。

（五）警棍、手铐等军械、警械类器具。

四、易燃易爆品类

（一）压缩气体和液化气体：氢气、甲烷、乙烷、丁烷、天然气、乙烯、丙烯、乙炔（溶于介质的）、一氧化碳、液化石油气、氟利昂、氧气（供病人吸氧的袋装医用氧气除外）、水煤气等及其专用容器。

（二）易燃液体：汽油、煤油、柴油、苯、乙醇（酒精）、丙酮、乙醚、油漆、稀料、松香油，以及含易燃溶剂的制品等及其专用容器。

（三）易燃固体：红磷、闪光粉、固体酒精、赛璐珞、发泡剂等。

（四）自燃物品：黄磷、白磷、硝化纤维（含胶片）、油纸及其制品等。

（五）遇湿易燃物品：金属钾、钠、锂、碳化钙（电石）、镁铝粉等。

（六）氧化剂和有机过氧化物：高锰酸钾、氯酸钾、过氧化钠、过氧化钾、过氧化铅、过醋酸、双氧水等。

（七）2000毫升（含）以上白酒，5个（含）以上打火机，10盒或200根（含）以上火柴，以及其他包装上带有易燃、易爆等危险化学品标志或提示信息的日常用品类（如花露水、洗甲水、发胶、摩丝等）。

五、毒害品类：氰化物、砒霜、剧毒农药等剧毒化学品，以及硒粉、苯酚等。

六、腐蚀性物品类：硫酸、盐酸、硝酸、氢氧化钠、氢氧化钾、蓄电池（含氢氧化钾固体、注有酸液或碱液的）、汞（水银）等。

七、放射性物品类：放射性同位素等。

八、传染病病原体：乙肝病毒、炭疽杆菌、结核杆菌、艾滋病病毒等。

九、其他危害公共安全、列车运行安全的物品，如可能干扰列车信号的强磁化物、有强烈刺激性气味的物品、不能判明性质可能具有危险性的物品等。

十、国家法律、行政法规、规章规定的其他禁止持有、携带、运输的物品。

子任务7.1.3　安检门

安检门又称通过式金属探测门，是一种利用弱磁场感应技术检测从门下通过人员有没有携带金属物品的探测装置。城市轨道交通车站常用安检门来检查和过滤有害及攻击性的金属，如刀、枪、炸弹等。安检门如图7-3所示。

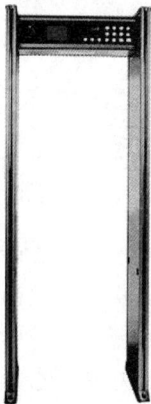

图7-3　安检门

1. 工作原理

安检门之所以能对金属物体产生报警，是由于两侧门板内装有能发射和接收交变电磁场的传感器，它通过检测人从门下穿过时形成的电磁波变化进行报警。

发射传感器在安检门中产生均匀磁场，当一个人带一定量的金属通过安检门时，所带的金属切割磁力线，受电磁波激励，金属中将产生涡流电流，而涡流电流则会产生一个与原磁场频率相同但方向相反的磁场，使安检门中的均匀磁场发生变化。

接收传感器把涡流产生的磁场变化信号检取出来，再经过电路一系列的放大处理，当信号量达到设定值时，报警系统便以声光形式发出报警信号。所以，从本质上讲，安检门就是通过检测有无涡流信号来发现附近是否存在金属物品的。

2. 注意事项

安检门是金属物检查的一道重要防线，为防止因虚报、漏报而造成严重损失，使用安检门时必须注意以下几点：

① 安检门周围 3～5 m 之内不能有配电室、电梯、屏蔽器、LDE 投影屏，以及大铁门、大铁柱、大型机器等大型金属物体；

② 多个安检门不能靠得太近，前后距离应大于 1.5 m，左右距离应大于 2 m；

③ 安检门不能疲劳工作，每天需关机 2 h 以上；

④ 使用过程中，安检门附近 0.5 m 之内不能站人；

⑤ 通过安检门时，不能拥挤，身体任何部位都不能碰撞门体，要等前一人走出门外后第二人才可通过；

⑥ 若安检门报警，则应等报警声停止后才能通过；安检门误报警不断时，须将电源关闭几分钟，然后重启。

🔔 **小贴士**

安检门对人体有害吗？

安检门是通过弱磁场感应技术进行金属检测的，它在正常工作时的输出电压只有 12 V，产生的电磁波辐射比手机还要小得多。因此，安检门所产生的辐射很小，可以忽略不计，不会影响我们的身体健康。

子任务 7.1.4　安检机

安检机又称 X 光行李检查机、通道式 X 光机，是一种依靠 X 光对行李包裹进行安全检查的探测装置。因为安检机是通过 X 光来扫描行李内的物品，所以它可以做到在不开包的情况下检测有无违禁品。城市轨道交通车车站通常在入口处设置安检机，对乘客的行李进行检查，如图 7 - 4 所示。

图 7 - 4　城市轨道交通车站的安检机

城市轨道交通车站常用的安检机有两种，一种用于对大型行李、包裹、包装箱等物品进行安全检查［见图 7 - 5（a）］，另一种主要用于对小件货物、包裹、邮件、小型箱包、手提箱、拎包、背包等物件中所隐藏的违禁物品进行安全检查［见图 7 - 5（b）］。

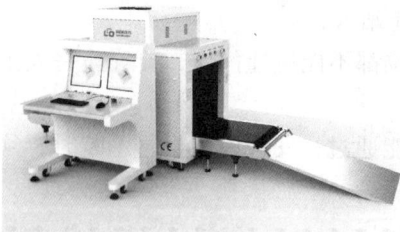

（a）大型行李包裹安检机　　　　　　　（b）中小型行李包裹安检机

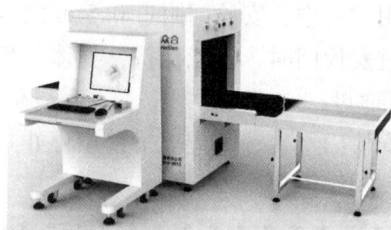

图 7 - 5　两种常用的安检机

1. 工作原理

X 光是一种可以穿透木材、纸板、皮革等不透明物体的电磁波。

当 X 光穿过行李包裹中的物品时，不同的物品对 X 光有不同的吸收，物品对 X 光的吸收程度不同，在荧屏上呈现的图像颜色也不同。例如，液体类的颜色是橙色的，鞭炮类的颜色是绿色的，金属物品的颜色是黑色的，塑料类物品的颜色则是蓝色的。

安检员通过查看显示屏上图像的颜色和形状，就能凭借丰富的经验判断是否有违禁品。如果发现包里有液体或者违禁品，就会要求乘客开包检查。

2. 注意事项

由于 X 光对人体有一定的危害作用，为了确保人身和设备安全，在使用安检机时要注意以下事项：

① 只有经过适当培训的人才能操作安检机，在任何时候都必须严格遵守辐射安全规则，避免辐射伤害；

② 安检机只能用于检查物品，不能用于检查人或动物；

③ 安检机须在规定的工作电压下工作，开机之前必须检查电压；

④ 如果行李阻塞了检查通道，在清理之前应首先关机；

⑤ 禁止坐或站在传送带上；

⑥ 铅门帘损坏时，禁止使用；

⑦ 如果有液体流入安检机，应立即关机。

小贴士

铅帘与辐射

行李在被传送着进出安检机时，都要通过一道黑色的"门帘"，学名为"铅帘"，其作用是防止射线外漏。在过安检机时，仪器内的 X 光是垂直照射的，而且会根据物品对射线的吸收能力发出不同的射线，铅帘是屏蔽这些射线用的。

安检时，不可图一时之快，把手伸入安检机中取包，这样做会导致两种后果：一是使乘客自身受到 X 光的辐射；二是人为地移动和拖曳行李，容易使监控图像变形，无法识别行李内的具体物品，导致行李重新再过一次安检机或接受开包检查，反而更加耽误时间。

子任务7.1.5　液体检查仪

液体安检，向来是城市轨道交通安全检查的重点。如果乘客携带的行李通过安检机时被检测出装有液体，就需要拿出来进行复检。复检分3种情况：

① 如果乘客所持液体为饮料类，会请乘客试喝，或使用专门仪器进行检查；

② 如果乘客所持液体为非饮料类，则直接用专门仪器进行检查；

③ 如果乘客携带多瓶刚买来尚未开封的同种瓶装液体，将以抽检的形式随机抽取一两瓶用专门仪器进行检查。

这里说的专门仪器就是液体检查仪，一款专门用于探测易燃易爆液体的安检仪器。

1. 工作原理

液体检查仪又称为危险液体检测仪，它采用准静态计算机断层扫描技术，通过测定待测液体的介电常数和电导率，从而判断其易燃易爆性。

液体检查仪能有效检测塑胶、玻璃和金属等材质容器，因而能够在不直接接触液体的情况下将汽油、丙酮、乙醇、天那水等易燃易爆液体与水、可乐、牛奶、果汁等安全液体区分开。

检查时，无须打开容器，通过液体检查仪面板上的指示灯显示，工作人员可以非常迅速地判断仪器状态和检测结果。

小贴士

液体检查仪的优点

液体检查仪是纯粹的电子设备，既不含任何放射性、微波材质，也没有任何其他潜在危险性的成分，是最安全的安检设备，因而可以保证工作人员的健康。

---

2. 操作说明

城市轨道交通车站常用的液体检查仪有台式和手持式两种。图7-6所示为台式液体检查仪。

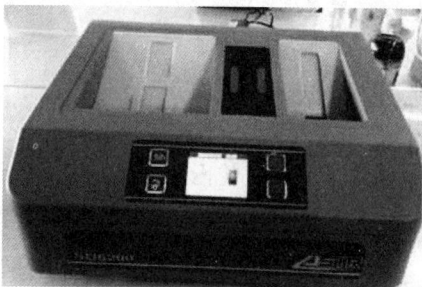

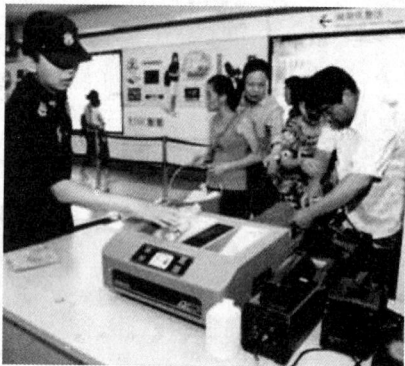

图7-6　台式液体检查仪

台式液体检查仪可以对瓶装液体和易拉罐装液体进行检测。普通的水和饮料放到检查仪上，绿灯会亮起，如果是汽油或者酒精之类的违禁品，则会亮起红灯。

除了台式液体检查仪外，通常还会配备便携式液体检查仪，方便在乘客较多的时候灵活检测。便携式液体检查仪如图7-7所示。

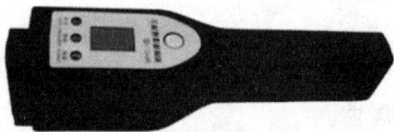

图7-7　便携式液体检查仪

使用便携式液体检查仪时，不需要做任何调整和准备工作，只需要将探测仪探头放在待测容器侧面，探测高度低于容器内的液体水平面，然后按下"探测"按钮即可。如果绿色 LED 指示灯亮，表明容器内的液体是安全的；如果红色 LED 指示灯亮，表示液体内有易燃易爆等危险元素。如果黄色 LED 指示灯亮，说明操作不当，应修正操作姿势，重新检测。

📖 **案例链接**

杭港地铁对乘客带酒乘坐地铁的规定

从安全的角度讲，最好不要带酒精类液体搭乘城市轨道交通；从人性化的角度讲，逢年过节，市民出来购物或者走亲访友，免不了会带酒。为解决此问题，杭港地铁出台了一个很细的规定，对于限带酒类从数量上进行了以下限制：

① 白酒不得超过 1 000 ml（2 斤）；
② 听装啤酒不得超过 6 听；
③ 红酒和黄酒各不得超过 6 瓶；
④ 瓶装啤酒和散装白酒，因为存在更大的危险性，严禁携带进站乘车；
⑤ 杨梅烧酒不能携带进站乘车。

除了酒类，还有皮革光亮剂、打火机（10 cm 高以内），可限带 2 件以下乘坐地铁。而像液化石油气、汽油、煤油、柴油、苯、酒精、油漆、香蕉水、松香油等易燃易爆物品，都属于违禁物品，绝对不能带上地铁。

子任务 7.1.6　手持金属探测器

手持金属探测器是车站最常用的安检设备之一，具有很强的操作灵活性，如图 7-8 所示。

图 7-8　手持金属探测器

1. 工作原理

手持金属探测器的核心部分为检测线圈。检测线圈通电后产生磁场，金属进入磁场后会产生涡电流，进而引起磁场变化，当磁场变化超过设定值时，就会触发金属探测器的报警装置，发出蜂鸣声或者持续震动，提示附近有金属物。

2. 操作说明

使用时，安检人员手握手持金属探测器的手柄，用拇指按一下开关，然后松开，探测器的信号灯便开始闪烁，喇叭也发出轻微的蜂鸣声，表示探测器进入工作状态。

开机后，安检人员手持仪器，在被检人（或物体）表面来回扫描，如果有金属物体，仪器就会发出报警。

检查工作完毕之后，应该按下开关，关闭探测器，以免浪费电池的电量。

子任务 7.1.7　身份证识别仪

遇到高级别的会议或者高规格的活动，或者在某些特殊的需要高级别安检的情况下，会有地铁分局民警手持身份证识别仪进行安全检查，如图 7-9 所示。

图 7-9　身份证识别仪

身份证识别仪也叫身份证阅读器、身份证读卡器，是公安局授权十大厂家生产制造的能识别身份证真伪、读取身份证内芯片信息的机器。身份证识别仪具有阅读身份证信息、识别身份证真伪的功能。

> **注意：**
>
> 身份证识别仪只能验证身份证的身份状态，不可以验证身份证的真假。身份证的真假只能由身份证发证机关验证。

1. 工作原理

身份证识别仪采用先进的 Type B 非接触 IC 卡阅读技术，通过内嵌的专用身份证安全控制模块（SAM）以无线传输方式与居民身份证内的专用芯片进行安全核验认证，验证通过后将读出芯片内的个人信息资料并进行输出。

2. 操作说明

将身份证放到身份证识别仪的读卡区，身份证识别仪可以读出身份证的姓名、性别、身份证号码、籍贯及照片，如果身份证能够被读卡器识别，而且识别出的信息与证件上的信息和照片完全一致，一般说明身份证没问题。此时，还可以根据电脑上显示的信息核对持证人，进一步核查证件是不是持证人本人的。如果是假的身份证，则读不出任何信息。

案例链接

北京地铁安检一年查获违禁品 20 万件，拘留 630 余人

北京地铁安检配备 4 种检测仪：液体检查仪、爆炸物检测仪、安检机、手持金属探测器。2015 年，北京市城市轨道交通运营线路 18 条，车站 332 座，日均客流超过千万人次。在这一年中，通过安全检查，在轨道交通车站内查获网上在逃人员 280 人，查获违禁品 20 万余件，拘留 630 余人，处置拒检等纠纷 41 起。

任务 7.2　车站和列车上的客运安全应急设备

子任务 7.2.1　车站客运安全应急设备

车站的客运安全应急设备分为 4 类：火灾手动报警器、自动扶梯"紧急停机"按钮、站台紧急停车按钮、屏蔽门手动解锁装置。其安装位置和数量均随城市轨道交通系统不同而有所不同，但各类应急设备的启用时机相同，就是必须在发生危及列车行车安全或危及人身安全的紧急情况下使用。

1. 火灾手动报警器

每个车站的站厅、站台墙上都安装有"火警手动报警器"（见图 7-10），发生火灾时使用此报警器向车站值班人员报警。

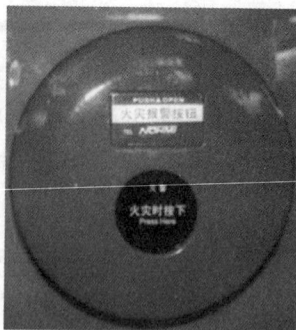

图 7 - 10　火灾手动报警器

2. 自动扶梯"紧急停机"按钮

　　车站内所有自动扶梯两端都安装有"紧急停机"按钮,大长扶梯的中部也安装有"紧急停机"按钮。当发生紧急情况时,按压"紧急停机"按钮(见图 7 - 11),停止扶梯运行。

3. 站台紧急停车按钮

　　车站每侧站台墙上各设有两个紧急停车按钮(见图 7 - 12)。当发生危及安全的情况时,击碎玻璃,按压按钮 3 s 以上,可实现紧急停车。

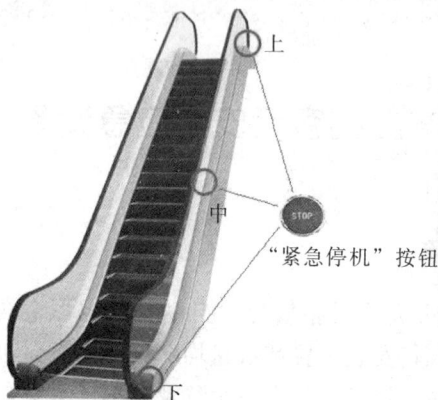

图 7 - 11　自动扶梯"紧急停机"按钮

图 7 - 12　站台紧急停车按钮

4. 屏蔽门手动解锁装置

　　每个车门对应的屏蔽门上均安装有手动解锁装置(见图 7 - 13),在列车进站停稳后屏蔽门无法自动开启时使用。虽然不同线路有不同的屏蔽门解锁装置,但用法基本相同,都是先拉开手柄,再推开屏蔽门。

图 7 - 13　屏蔽门手动解锁装置

子任务 7. 2. 2　列车上的客运安全应急设备

一般情况下，城市轨道交通列车上都配备有以下应急救援设备：紧急报警装置、紧急开门装置、灭火器、逃生装置。

1. 紧急报警装置

紧急报警装置安装于列车的车厢内。一般情况下，每节车厢至少安装两个紧急报警装置，包括紧急报警按钮和紧急通话器（见图 7 - 14）。当车厢发生乘客冲突、有人昏厥、火灾等紧急情况时，乘客可以立即使用此装置通知客车驾驶员，以便客车驾驶员根据现场情况采取相关措施进行处理。

（a）紧急报警按钮　　　　　　　　　　　　　　（b）紧急通话器

图 7 - 14　紧急报警装置

2. 紧急开门装置

一般情况下，列车的每个车门上都安装有紧急开门装置（见图 7 - 15），其主要作用是列车发生故障或其他紧急情况，需要人工开门时使用。

图 7 - 15　紧急开门装置

3. 灭火器

灭火器（见图 7 - 16）是为预防列车发生火灾而配备的应急设备。每节车厢均配备有灭火器，一般灭火器型号均为 6 kg，放置于车厢乘客底座下或车厢前后两端的专门设备内。在列车发生火灾的初期，乘客除通过车厢内的紧急报警按钮或紧急通话器通知列车驾驶员外，还可以用列车配备的灭火器灭火自救，尽量将火势控制、扑灭。

图 7 - 16　灭火器

4. 逃生装置

逃生装置（见图 7 - 17）一般安装在列车两端的司机室，它经手动解锁后通过气簧执行机构机械动作，可推下专门的接近轨道的逃生梯子。当在运营区间发生故障时，客车驾驶员可以通过前后司机室的应急疏散门疏散乘客。通过从应急疏散门放下的梯子，乘客可以快速、有序通过隧道逃生。

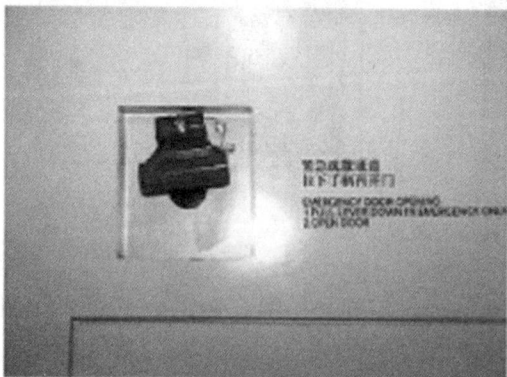

（a）通道门紧急解锁手柄　　　　　　　　　　（b）疏散门

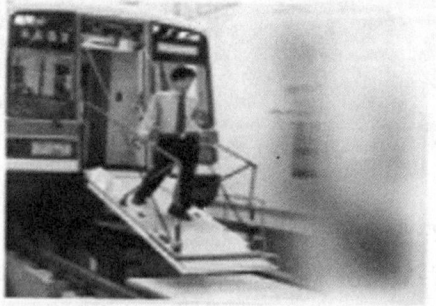

图 7 - 17　列车前后逃生装置

如果城市轨道交通系统采取疏散平台方式进行疏散，列车的逃生装置则为客室门。在紧急情况下，必须通过人工方式进行疏散时，才使用逃生装置，如图 7 - 18 所示。

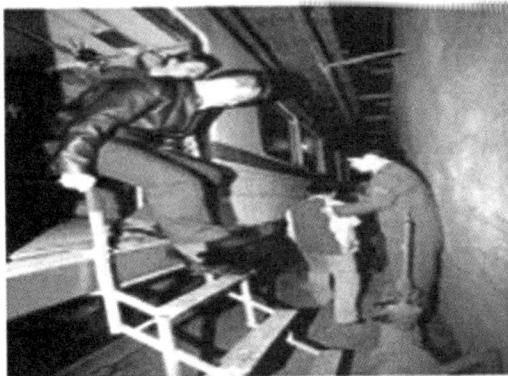
（a）逃生梯子

（b）疏散平台

图 7 – 18　客室门逃生装置

任务 7.3　突发事件应急处理

子任务 7.3.1　恐怖活动应急处理

恐怖活动一般是指采取暴力或恫吓等手段，威胁政府、社会，危害社会公共安全（即不特定多数人的生命、健康和公共财产安全）的行为。针对城市轨道交通来说，其表现形式主要有纵火、爆炸、毒气等。不同类型的恐怖活动产生的危害是不同的，处理方式也各不相同。当城市轨道交通车站发生恐怖事件时，现场各岗位应采取必要的保护措施，具体如下。

1. 行车值班员

① 确认车站发生爆炸后，立即向城市轨道交通公安分局及消防报警。

② 向行车调度员、值班站长、警务站、环控值班员、分公司生产调度汇报灾情。

③ 通过监视器密切注意车站情况，与有关部门保持联络，负责各部门与车站有关人员间的信息传递工作。

④ 联系医疗单位，及时救护伤员。

⑤ 加强广播宣传，引导、疏散乘客，按下车站控制室内 AFC 设备的紧急按钮，切断有关电源。

⑥ 根据行调命令，指挥现场列车，防止列车进入事发车站。

2. 环控值班员

① 接到行车值班员的报告后，立即向环控调度员汇报，按照实际情况进行工作调整。

如爆炸引起火灾，应正确开启或关闭消防、送排风设备。

② 坚守岗位，保持信息畅通，确保事故照明及抢修抢险用电。

3. 值班站长

① 接到行车值班员报告后，立即组织车站工作人员对乘客进行疏散，抢救伤员，控制现场，赶赴事发地点，保护现场，维护秩序，设置警戒区。如果现场有可疑物品，应立即向警务站报告。

② 如果爆炸引起火灾，应根据实际情况，通知环控值班人员开启相应的消防设备，采取初期补救，切断、控制火源，防止火势蔓延。

③ 第一时间寻找证人、证据，发现可疑对象应立即向警务站汇报。

④ 上级指挥小组到场后，应尽快将收集到的现场情况上报，并根据上级命令，进行有关的操作。

4. 站务员

① 及时关闭自动扶梯，加强站台监护，防止乘客跌入轨道。

② 引导乘客疏散。

③ 如果爆炸引起火灾，应服从安排，带好器具，赶赴现场参与灭火、救护工作。

④ 保护现场，配合公安部门调查取证。

5. 检票员

① 及时打开专用通道，引导乘客从专用通道及进出站闸机处疏散。

② 如果爆炸引起火灾，应服从安排，带好器具，赶赴现场参与灭火、救护工作。

6. 售票员

① 停止售票，并将票款及时转移至安全地点。

② 及时疏散站厅乘客。

③ 如果爆炸引起火灾，应服从安排，带好器具，赶赴现场参与灭火、救护工作。

想一想：发生恐怖袭击事件后，城市轨道交通哪些岗位的工作人员会参与应急处理？各自承担什么责任？

子任务 7.3.2 火灾应急处理

火警处理的首要原则是保障乘客及工作人员的生命安全。一旦生命安全受到威胁，所有人员必须立即撤至安全区域。任何员工发现城市轨道交通范围内发生火灾，必须立即通知车站的值班站长，通过行车调度员请求消防部门协助，在确保个人人身安全的情况下，员工可尝试将烟火扑灭。

1. 站内火灾应急处理

（1）火警警报响起时，值班站长通过 FAS、BAS 系统确认报警位置，派一名车站员工前往查看。

（2）车站员工携带无线电对讲机前往事发地点，找出报警原因，并实时通知值班站长是否确实发生火灾，火灾是否已触动了防火系统。

（3）若警报为误报，值班站长要及时通知行车调度员及站内所有员工。若确实发生火灾，值班站长应根据火情安排救火：

① 若火势不是很大，或手动操作防火系统，或在安全的情况下使用灭火器灭火，或与现场保持安全距离，并警告其他人远离该处，等待救援。

② 若火势较大，值班站长应立即通知行车调度员召唤消防人员到场，启动车站排烟模式，并遵照车站疏散程序组织乘客撤离。乘客疏散完毕后，关闭车站出入口（紧急出入口除外）。

③ 如果火势很大，值班站长应组织员工撤离车站，到紧急集合地点集中，并安排人员在指定出入口引领消防人员到现场灭火。

（4）消防人员到场后，值班站长向消防人员汇报有关情况，将灭火工作交给消防人员，并投入到救火工作中去。

（5）值班站长接到可以恢复运营的指令后，清理现场，恢复运营。

2. 站外火灾应急处理

当车站外发生火灾时，因为空气的自然流动、车站通风设备的运作、列车移动的活塞效应，都会使站外产生的烟气通过通风井、车站出入口而扩散至站内，对车站内的乘客产生巨大威胁。因此，车站员工应正确操作车站环控系统，确保车站内乘客的生命安全。

1）烟气由通风井进入站内

一旦发现烟气经通风井进入站内，必须执行相关程序，阻截烟气继续进入。值班站长应做好以下工作：

① 报告行车调度员，申请取得该车站环控设备的控制权；

② 将车站公共范围的通风设备关掉；

③ 通知行车调度员将有关通风设备关掉，并关闭相应的风闸。行车调度员接到通知后应指示环控调度员操作有关环控设备。

2）烟气由车站出入口进入站内

一旦发现有烟气经车站出入口进入站内，值班站长应做好以下工作：

① 通知行车调度员，说明烟的浓度，申请取得该站的环控设备控制权；

② 关闭有关的出入口；

③ 取得该车站环控设备的控制权后，操作环控设备。

行车调度员接报后，还应指示各邻站的值班站长做好如下工作：

① 取得所管辖车站的环控设备的控制权；

② 将车站公众范围的通风设备关掉；

③ 操作环控设备，帮助驱散受影响车站的浓烟。

想一想：发生火灾事故后，车站哪些岗位的工作人员会参与应急处理？各自承担什么责任？

子任务 7.3.3 车站停电应急处理

1. 部分照明熄灭

1）值班站长

事故发生后，值班站长应做好以下工作：

① 立即向行车调度员报告：车站照明系统部分失效，应急照明是否已经启用，是否影响车站其他设备的正常运行，车站是否有列车停靠及列车的相应位置，车站内乘客滞留情况；

② 联系故障报警中心，获取相应的故障信息，召唤人力支援；

③ 若照明系统无法恢复，则立即下达车站紧急疏散指示。

2）车站其他工作人员

事故发生后，车站其他工作人员应做好以下工作：

① 值班员通过 PIS 系统，通知乘客停电情况，稳定乘客情绪；

② 站务员就近取用应急照明备品，站于重要位置为乘客提供照明和保护，加强宣传，稳定乘客情绪；

③ 票务员保管好票款，适时放慢售票速度，根据客流情况合理关闭部分进站闸机、自动售票机进行客流控制；

④ 一旦照明系统无法恢复，所有员工随时做好乘客疏散的准备。

2. 全部照明熄灭

1）值班站长

事故发生后，值班站长应做好以下工作：

① 立即向行车调度员报告：车站照明系统全部失效，应急照明是否已经启用，是否影响车站其他设备的正常运作，车站是否有列车停靠及列车的相应位置，车站内乘客滞留情况；

② 联系故障报警中心，获取相应的故障信息，召唤人力支援；

③ 立即下达车站紧急疏散指示。

2）车站其他工作人员

事故发生后，车站其他工作人员应做好以下工作：

① 值班员通过 PIS 系统，通知乘客疏散，稳定乘客情绪，疏导乘客向站台中部靠拢；

② 站务员立即就近取用应急照明备品，站于重要位置为乘客提供照明和保护，加强宣传，稳定乘客情绪，密切关注站台边缘地带，确保乘客安全；

③ 票务员立即停止售检票作业，保管好票款及有效票证，做好乘客解释工作；

④ 站务员立即打开全部闸机和应急疏散门，引导乘客从各个出入口出站，同时阻止乘客进站，确认乘客全部疏散后，关闭出入口并张贴通告；

⑤ 进站列车、停靠站台的列车和即将出站的列车，均需暂时停止运行，开启列车全部光（含前、后大灯），为疏散乘客提供照明，在得到值班员允许后方可继续运行。

想一想： 发生车站停电事故后，车站哪些岗位的工作人员会参与应急处理？各自承担什么责任？

子任务7.3.4　乘客意外受伤应急处理

在城市轨道交通运营过程中，若乘客在运营范围内感到不适，或发病、昏迷，或因意外事故受伤等，车站工作人员应按照"维护公司形象，保护公司最大利益，以人为本进行救治"的原则进行应急处理，并以事实为依据地积极取证，客观地记录事故状况，尽可能得到旁证及当事人签字，事后及时将事件的处理结果报告给相关部门，以备后续处理。受伤乘客应急处理程序如下。

① 车站现场工作人员发现乘客受伤或接到受伤乘客求救时，应立即报告值班站长，值班站长接报后立即赶赴现场，了解伤（病）者情况及初步原因。若伤者意识清醒，则：

a）询问其是否需要车站协助致电120急救中心，征得同意后帮助其拨打120急救电话；

b）询问伤（病）者家人联系电话，设法联系其家人尽快来站救护；

c）伤（病）者家人到站后，由其家人将其接走，如车站已致电120急救中心，救护人员到达后，车站协助将伤（病）者送至救护车上。

注意：

如果乘客认为是车站原因导致其受伤，要求车站派人同往医院时，车站员工应请示站长及运营单位客伤主管部门，获准后方可派人陪同前去。

若伤（病）者情况危急，意识不清，不及时救护可能会有生命危险，则车站应：

a）立即致电120急救中心；

b）上报行车调度员、车站站长及运营单位客伤主管部门。

② 需要时，对乘客外伤进行简单的包扎处理。

③ 疏散围观群众，寻找目击证人，收集、记录有关证人资料。

④ 如果事故由城市轨道交通设备引起，应立即停止该设备的运作（影响列车运行的设

备除外），并报告车站控制室。

⑤ 如果调查需要，应保护好现场，必要时对有关区域进行隔离，并用相机记录现场有关情况。

⑥ 必要时，根据值班站长安排，派站务员到紧急出入口引导急救中心人员进站。

⑦ 必要时，应协助警方进行事故调查。

小贴士

为保证乘客面临伤亡时的及时抢救和快速处理，城市轨道交通运营公司一般设置乘客伤亡紧急处理经费。若初步判断乘客受伤属于城市轨道交通运营单位的责任，车站应立即向有关部门报告，可安排员工陪同伤者前往医院检查、治疗，伤者在医院所花费用，经请示同意后，可由车站在有关处理经费中垫付。伤者提出索赔时，车站应配合相关部门人员与当事人协商处理。

想一想：发生乘客受伤事件后，车站哪些岗位的工作人员会参与应急处理？各自承担什么责任？

子任务 7.3.5　乘客物品掉落轨行区应急处理

如果城市轨道交通车站未安装屏蔽门，或屏蔽门发生故障，则容易发生乘客携带物品掉落轨行区的事件。对于掉落轨行区的物品，根据其是否影响行车，分两种情况进行处理。

1. 不影响行车

① 接到乘客物品掉落轨行区的报告后，站务员应立即赶往现场查看情况，若该物品不影响行车，则向值班员报告该物品不影响行车。

② 若该车站未安装屏蔽门，站务员应在第一时间明确告诉乘客"请勿擅自跳下轨道，工作人员会尽快妥善处理"。

③ 站务员应告知乘客：将在当日运营结束后下轨道拾回物品，请乘客留下联系方式，第二日到车站领回物品。

2. 影响行车

① 接到乘客物品掉落轨行区的报告后，站务员应立即赶往现场查看情况，若该物品影响行车，则立即按压站台侧"紧急停车"按钮。

② 站务员向值班员、值班站长报告该物品影响行车，须立刻处理。

③ 值班员上报行车调度员，经批准后，按动车站控制室内"紧急停车"按钮，做好防护工作后，通知站务员可以下轨道进行拾物处理。

④ 站务员立即携带夹物钳、隔离带到现场，隔离该处屏蔽门，夹拾物品，若物品夹不

起，则安排人员从站台两端的楼梯或使用下轨梯，进入轨道拾回物品。

⑤ 站务员将物品取回，确认线路出清后恢复屏蔽门的使用，并向值班员汇报。

⑥ 值班员及时取消紧停，并向行车调度员汇报。

⑦ 车站做好相关记录，将物品归还乘客。

想一想：站台候车区发生物品掉落轨行区事件后，车站哪些岗位的工作人员会参与应急处理？各自承担什么责任？

子任务7.3.6　站台"紧急停车"按钮被触发应急处理

站台上下行每侧各有两个"紧急停车"按钮，如果该按钮被按下，对于岛式站台，则对被按"紧急停车"按钮侧的线路实行车站封锁；如果为侧式站台，则对上下行线路实行车站封锁。当站台发生紧急情况，需要列车紧急停车时，车站工作人员应按以下程序处理：

① 站务员或乘客按下站台上的"紧急停车"按钮，与该"紧急停车"按钮对应的指示灯变亮；

② 车站控制室IBP盘上对应站台的指示灯变亮，车站ATS工作站和控制中心（OCC）调度员工作站对应区域显示紧急停车，显示报警信号；

③ 值班员扳动车站控制室IBP盘上的"紧急停车"开关至"急停"位置；

④ 站务员赶往事发地点，采取适当的措施处理该事件，并保持站台、车站控制室、OCC联系畅通，必要时请求外界协助；

⑤ 事故处理完毕后，站务员用钥匙复位被激活的"紧急停车"按钮，并通知值班员，给驾驶员显示"一切妥当"手信号；

⑥ 值班员扳动车站控制室IBP上对应的"紧急停车"开关至"复位"位置；

⑦ 值班员复位ATS工作站上的紧急停车事件，使ATC系统复位，并记录该次事件的时间、"紧急停车"按钮启动的原因及事件处理经过。

想一想：站台"紧急停车"按钮被按下后，车站哪些岗位的工作人员会参与应急处理？各自承担什么责任？

子任务7.3.7　车站列车撞人事故应急处理

车站发生外车撞人事故后，应急处理程序如下。

① 发生事故后，值班员应立即向行车调度员、公安派出所报告，通知值班站长、中心站站长等上级领导。

② 值班站长应立即赶到现场，并在上级领导及公安人员到达之前担任现场负责人，指挥现场处理以下工作：

a）指定专人寻找并挽留两名以上目击证人，索取证明材料，若证人有急事不能留下，则应记下其工作单位、家庭住址及联系电话等；

> 🔔 **注意：**
>
> 目击证人一定不能是城市轨道交通系统的员工。

　　b）值班员利用车站广播设施做好乘客宣传解释工作，劝乘客改乘其他交通工具；

　　c）站务员要维护好站厅秩序；

　　d）票务员依据现场情况以限制售票或停止售票方式控制乘客进站；

　　e）需要下站台查看情况及处理对，必须在接触轨停电后由现场负责人指定专人进行，查看现场时，找到被轧者后应查看其伤亡情况，根据被轧者状况进行相应的处理：

　　● 如果被轧者未亡，应尽一切努力避免动车，但在只有动车方可救人的情况下，由现场公安人员做出动车决定；

　　● 无法断定是否死亡的一律按伤者处理，应设法将其尽快移至站台；

　　● 如果被轧者已经死亡，其位置不妨碍列车运行，可先行送电通车；如果其位置妨碍列车运行，可将尸体移上站台或移至边墙、道沟等不侵界位置，再行送电通车，必要时再次停电处置，并做好标记；

　　● 需要对伤者进行救护时，应及时通知市急救中心，并指派专人到指定出入口迎候救护车辆。

　　f）其他车站工作人员，应做好遣散围观乘客、维护站台站厅秩序的工作。

> 🔔 **注意：**
>
> 车站工作人员应积极协助公安人员的调查工作，涉及刑事案件的地外伤亡事件，应尽量保护现场，尽一切可能留住嫌疑人、知情人及可提供线索者，积极协助公安人员工作。

　　📝 **想一想**：车站发生列车撞人事故后，车站哪些岗位的工作人员会参与应急处理？各自承担什么责任？

子任务 7.3.8　水灾应急处理

　　当给水管道破裂、地下车站和隧道进水等危及运营的情况发生时，行车调度员、车站工作人员、机电抢修人员、客车驾驶员要紧密配合，进行应急处理。

1. 行车调度员

　　① 随时了解水情变化。必要时，通知电力调度接触轨停电。

② 组织具备运行条件的区段维持运营。

2. 车站工作人员

① 任何员工，一旦发现水灾，应立即向值班站长报告：水灾发生的位置、流量，水源来自哪里，哪些设备可能会受到影响。

② 值班站长向行车调度员报告：本站发生水淹事故，本站受到影响的区域，是否影响乘降，以及受影响设备的情况。

③ 值班站长携带防洪装备赶往事发位置，组织站务人员和保洁人员前往水灾区域。

④ 值班站长到达现场后评估水灾情况，向行车调度员汇报最新进展，视情况需要请求机电抢修等部门人力支援。

⑤ 站务人员用防洪板、沙包或其他填充物阻断水源，或抑制流量，在周边用提示牌和警戒线布置禁行区。

⑥ 值班员通过 PIS 系统向乘客进行宣传解释。

⑦ 若水灾可能导致车站设备出现危险或影响运营时，视情况需要封闭车站部分区域。

3. 机电抢修人员

如果需要机电抢修人员配合，则机电抢修人员的工作如下：

① 对水灾地点及时采取断水、堵水措施，开启全部排水泵排水；

② 随时向值班站长和行车调度员报告水情；

③ 按照抢险预案要求，进行紧急处置。

4. 客车驾驶员

客车在运行中发现以下情况，驾驶员应按水灾程序进行处理：

① 积水漫过道床排水沟时，如果接触轨能正常供电，则以能随时停车的速度运行，并及时将情况报告行车调度员或车站值班员；

② 当水灾造成路基塌陷、滑坡等危及行车安全时，应立即停车，将情况如实报告行车调度员，按其指示行车。

想一想：发生水灾后，车站哪些岗位的工作人员会参与应急处理？各自承担什么责任？

任务7.4　自然灾害应急处理

子任务7.4.1　地震应急处理

城市轨道交通所在区域及周边地区发生地震，会影响城市轨道交通系统的建筑、设备、车辆的安全。地震发生后，城市轨道交通系统的所有员工都应投入地震应急处理工作中。

1. 行车调度员

① 立即通知电力调度全线接触轨停电。

② 发布全线停运命令。

③ 采取一切手段了解人员、设备、设施的损坏情况。

④ 迅速上报 OCC 值班主任及公司领导。

2. 车站工作人员

值班站长向行车调度员汇报：是否影响行车，是否有人员、设备、线路、车辆受损，是否需要召唤紧急服务（公安、急救、消防）。一旦确定发生四级以上强度的地震，值班站长必须安排车站员工进行以下工作：

① 亮起所有隧道灯；

② 检查所有系统是否运作正常，特别是供电、通信、信号及环境控制系统运作状况；

③ 在确保自身安全的前提下，巡视车站建筑、设施，巡视出入口及站外情况，发现有任何异常情况，立即通知值班站长。

值班站长了解车站巡视结果后，立即向行车调度员、故障报警中心报告设备、结构损毁的情况。如果站台有列车停车，按照行车调度员指示立即对列车进行清客作业。

> **注意：**
>
> 地震发生后，应停止所有作业，察看是否有工作人员或乘客受伤。若发现有任何人员受伤，则立即展开救助工作。如发现建筑物损毁或阻塞，应立即疏散、封锁危险区域，安排人员驻守，制止他人接近。如果地震强度较大，建筑物、设备设施损毁严重，则应立即执行车站紧急疏散程序。

3. 客车驾驶员

客车在运行中遇地震时，驶驶员应做好以下工作：

① 采取停车措施，打好止轮器，防止溜车，并迅速查明周围情况；

② 组织乘客开展自救、互救工作。

想一想： 发生地震后，车站哪些岗位的工作人员会参与应急处理？各自承担什么责任？

子任务 7.4.2 大雨应急处理

城市轨道交通运营线路出现大范围降雨时，值班站长应组织站务人员做好防雨工作，确保车站不被雨水侵袭、乘客安全出行、车辆按图通行。

1. 值班站长

① 立即组织有关人员到出入口等处查看降水情况。

② 通过 BAS 系统查看雨水泵开启情况，如有异常立即报修。

③ 要立即启用雨天设备故障、长时间无车等特殊情况的应急预案，应根据现场情况适当调配人员，做好限流的准备，并要及时挂出提示牌，张贴通告。

④ 地势较低的车站应立即放置防洪板、沙包，防止雨水灌入车站。当雨水较大，有可能发生倒灌事故时，应及时通知机电部门做好排水准备。

⑤ 露天段车站应加强站台巡视，督促保洁员工做好地面清理工作。

2. 值班员

通过 PIS 系统向进站乘客宣传防滑注意事项。

3. 站务人员

① 在各出入口铺设防滑垫，设立警示标识。

② 加强巡视，确保车站出入口、站厅、站台的客流秩序。

③ 关注出入口客流情况，向乘客发放一次性雨衣、伞套，疏导到站乘客快速出站，不要在出入口停留。

想一想：突降暴雨后，车站哪些岗位的工作人员会参与应急处理？各自承担什么责任？

子任务 7.4.3 大雪应急处理

城市轨道交通运营线路出现大范围降雪时，钢轨冰冻会影响车辆的牵引制动，尖轨与基本轨无法紧密贴合，接触轨冰冻因无法与受流器接触造成机车无电，还会造成乘客摔伤等不良后果。

1. 车站工作人员

① 值班站长应通知所有工作人员，通报恶劣天气的相关情况，做好雪天应急处置工作。

② 站务人员在出入口、楼梯口铺设防滑垫，放置提示牌，同时组织人力及时清扫出入口积雪；

③ 值班站长通知保洁人员注意出入口、楼梯口等区域的卫生状况；

④ 站务人员在客流量较大的出入口疏导乘客进出站；

⑤ 值班员通过 PIS 系统向进站乘客宣传防滑注意事项；

⑥ 值班员通过 CCTV 系统密切关注进出站的客流变化，并随时向值班站长汇报；

⑦ 值班站长要随时掌握运营现场和天气情况，并随时做好延长运营时间的准备工作；

⑧ 地面线路有道岔的车站，应做好道岔的清扫及融雪工作。

2. 客车驾驶员

客车在运行中遇大雪、霜冻等恶劣天气时，驾驶员应做好以下工作：

① 及时向行车调度员报告，并采取相应措施；

② 严格控制列车速度，制动时要适当延长制动距离，制动力要尽量小，防止滑行，视速度根据情况追加或缓解，确保对标停车。

想一想：大雪天气后，城市轨道交通哪些岗位的工作人员会参与应急处理？各自承担什么责任？

思考与实训 7

1. 思考题

思考并回答以下问题：

1. 安检设备分几类？各有什么特点？

2. 为什么要实行人物同检？

3. 简述液体检查仪的工作原理。

4. 车站有哪些应急设备？如何使用？

5. 列车上有哪些应急设备？如何使用？

6. 乘客的物品掉落轨行区，如何处理？

7. 车站周边地区失火，烟气从车站出入口进入车站，如何处理？

8. 车站全面停电，如何处理？

9. 你是站务员，站台"紧急停车"按钮被按下，你需要怎么做？

10. 天降大雪，你是值班站长，如何安排工作？

11. 天降大雨，你是值班站长，如何安排工作？

12. 车站管道突然破裂冒水，你是值班站长，该如何安排抢险？

13. 乘客意外受伤，你是站务员，接报后怎么办？

14. 简述列车在车站撞人后的应急处理流程。

15. 简述地铁遭恐怖袭击后的应急处理流程。

2. 实训任务

任务 1 乘客意外受伤应急处理。

任务说明：早高峰，车站候车站台人头攒动，有一名老年女性乘客在站台候车时突然晕倒，在倒下时额头撞破，人昏厥。乘客家属认为城市轨道交通运营公司负有一定责任，要求公司负责。

实训安排：学生分组，10人一组，分别扮演当事乘客（1名）、站务员（2名）、让人乘客（2名）、值班站长（1名）、120值班员（1名）、乘客家属（2名）、公司事故管理部门领导（1名）。通过实训，让学生掌握车站乘客意外受伤时的关键处理措施及处理技巧。

实训重点：

① 站务员接报乘客受伤；

② 值班站长赶赴事故现场；

③ 站务员寻找目击证人；

④ 联络120急救；

⑤ 联络病人家属；

⑥ 家属提异议；

⑦ 送病人去医院治疗。

任务2 物品掉落轨行区且影响行车应急处理。

任务说明：无屏蔽门车站，早高峰，车站候车站台人头攒动，有一名女性乘客的遮阳伞因手臂被撞而掉落轨行区，刚好掉到了轨道上，影响行车。

实训安排：学生分组，7人一组，分别扮演乘客（1名）、站务员（2名）、值班员（1名）、值班站长（1名）、行车调度（1名）、司机（1名）。通过实训，让学生掌握车站物品掉落轨行区及"紧急停车"按钮被按下后的关键处理措施。

实训重点：

① 乘客遮阳伞掉落轨行区后报告站务员；

② 站务员查看现场，并按紧急停车按钮；

③ 值班员向行车调度汇报；

④ 站务员现场夹物未果，请人下轨行区取物；

⑤ 取物后轨道出清，报告值班员，值班员报告行车调度；

⑥ 恢复行车；

⑦ 值班员做好记录。

附录 A

城市轨道交通客运服务

(GB/T 22486—2008)

1 范围

本标准规定了城市轨道交通客运服务（简称客运服务）的基本要求、服务管理、服务质量、服务设施、服务安全和服务环境。

本标准适用于全封闭线路上运行的城市轨道交通系统的客运服务，其他城市轨道交通系统的客运服务可参照执行。

2 规范性引用文件

下列文件中的条款通过本标准的引用而成为本标准的条款。凡是注日期的引用文件，其随后所有的修改单（不包括勘误的内容）或修订版均不适用于本标准，然而，鼓励根据本标准达成协议的各方研究是否可使用这些文件的最新版本。凡是不注日期的引用文件，其最新版本适用于本标准。

GB/T 7928 地铁车辆通用技术条件

GB 14227 城市轨道交通车站站台声学要求和测量方法

GB 14892 城市轨道交通列车噪声限值和测量方法

GB/T 16275 地下铁道照明标准

GB/T 18574 地铁客运服务标志

GB 50157 地铁设计规范

3 术语和定义

下列术语和定义适用于本标准。

3.1 服务 service

为满足顾客需要，供方和顾客之间接触的活动以及供方内部活动所产生的结果。包括供方为顾客提供人员劳务活动完成的结果；供方为顾客提供通过人员对实物付出劳动活动完成的结果；供方为顾客提供实物使用活动完成的结果。

服务的提供可涉及，例如：

——在顾客提供的有形产品（如维修的汽车）上完成的活动；

——在顾客提供的无形的产品（如为准备税款申报书所需的收益表）上完成的活动；

——无形产品的交付（如知识传授方面的信息提供）；

——为顾客营造氛围（如在宾馆饭店）。

［GB/T 15624—2003］

3.2 组织 organization

职责、权限和相互关系得到安排的一组人员及设施。

示例：公司、集团、商行、企事业单位、研究机构、慈善机构、代理商、社团或上述组织的部分或组合。

注1：安排通常是有序的。

注2：组织可以是公有或私有的。

［GB/T 15624—2003］

3.3 城市轨道交通客运服务 urban rail passenger transport service

为使用城市轨道交通出行的乘客提供的服务。

3.4 服务组织 service organization

提供客运服务的组织。

3.5 服务质量 service quality

服务组织为乘客所提供服务的程度。

3.6 服务人员 service personnel（agent）

在服务组织中，为乘客提供客运服务的人员。

3.7 服务用语 service language

在客运服务中，服务人员所使用的规范语言。

3.8 服务行为 service behavior

在客运服务中，服务人员表现出来的行为。

3.9　服务设施　service facilities

在城市轨道交通系统内设置的，直接为乘客提供服务的设施。

3.10　城市轨道交通车站　urban rail transport station

在城市轨道交通线路上，办理运营业务和为乘客提供服务的建筑设施和场所。可包括：

——始发站，城市轨道交通列车运行的起始车站；

——中间站，城市轨道交通列车运行途经的车站；

——换乘站，城市轨道交通线路交汇处，具备从一条线路转乘到其他条线路功能的车站；

——终点站，城市轨道交通列车运行的终到车站。

4　总则

4.1　基本要求

4.1.1　服务组织应以安全、准时、便捷、舒适、文明为目标，为乘客提供持续改进的服务。

4.1.2　服务组织应为乘客提供符合服务规范的服务设施、候车环境和乘车环境。

4.1.3　服务组织应为乘客提供规范、有效、及时的信息。在非正常运营状态下，应为乘客提供必要的指导信息。

4.1.4　服务组织应向残障等特殊乘客提供相应的服务。

4.1.5　为乘客提供的公益或商业服务应以方便乘客、提高服务质量为原则，保证客运服务质量不受影响。

4.2　服务管理

4.2.1　服务组织应制定相应的规章制度，建立服务质量管理体系。

4.2.2　服务人员上岗前应经过岗位培训，并取得上岗资格；在岗人员应掌握本岗位业务技能，胜任本职工作。

4.2.3　服务组织应定期进行服务的自我考核评价，可通过第三方独立进行服务评价；服务组织应根据评价结论不断改进服务。

5　服务质量

5.1　票务服务

5.1.1　售票处（机）或其附近应有醒目、明确的车票种类、票价、售票方式、车票有效期等信息，方便乘客购票。

5.1.2　自动售票机、充值设备上或自动售票机和充值设备附近应有醒目、明确、详尽的操作说明。

5.1.3　人工售票、充值或售卡过程中，售票员应唱收唱付，做到准确、规范。

5.1.4　对符合免费乘车规定，并持有效乘车证件的乘客，应验证后准乘。

5.1.5　自动检（验）票机或其附近应有相应的标志或图示，方便乘客检（验）票。

5.1.6　在特殊情况下，应及时采取有效措施，为乘客进行必要的票务处理。

5.2　导乘服务

5.2.1　车站的醒目位置应公布乘车常识和注意事项；必要时，应通过广播等方式向乘客宣传乘车常识和注意事项。

5.2.2　车站应提供即时、准确、有效的乘车信息。

5.2.3　列车运营计划变更或列车运行不正常，对乘客造成影响时，应及时通知乘客；必要时，应采取有效措施疏导乘客。

5.2.4　车站出入口、售票处等的醒目处应公示本车站首末车时间；车站宜公布列车间隔时间、各车站运行时间等信息。

5.2.5　车站的醒目位置应公布车站周边公交线路的换乘信息。

5.2.6　列车上，应向乘客提供列车运行方向、到站、换乘等清晰的广播或图文信息。

5.3　行车服务

5.3.1　城市轨道交通的运营时间应根据当地居民的出行规律及其变化来确定和调整，调整前应及时公示。

5.3.2　应根据列车运行图组织列车运行，并可根据客流变化等情况合理调整列车运行；对乘客有影响时，应及时公布。

5.3.3　列车行驶应平稳，到站后应适时开关车门。

5.3.4　列车运行发生故障时，应视情况采取救援、清客、继续运行到目的地等处理措施。

5.3.5　一年内列车准点率应大于或等于98.5%，准点率的计算方法见附录A。

5.3.6　一年内列车运行图兑现率应大于或等于99%，列车运行图兑现率的计算方法见附录A。

5.3.7　列车拥挤度不应大于100%，列车拥挤度的计算方法见附录A。

5.4　问询服务

应提供现场问询服务和远程问询服务。

5.5　特殊服务

5.5.1　对残障等乘客应提供必要的服务，协助其顺利乘车。

5.5.2　发现走失的儿童，应带领其至安全场所，并设法联系其监护人或报警。

5.5.3　当遇到乘客身体不适时，应提供必要的帮助或拨打救助电话。

5.6 应急服务

5.6.1 应急服务应以保障乘客人身安全为首要目标。

5.6.2 应分别就运营事故、重大活动、政府管制、恶劣天气、乘客伤亡、事故灾难等影响城市轨道交通正常运营的突发事件制定应急服务预案，并适时启动。

5.6.3 当发生影响城市轨道交通正常运营的突发事件时，应及时告知乘客，并采取措施。

5.7 服务用语

5.7.1 服务语言应使用普通话。

5.7.2 问询、播音宜提供英语服务。

5.7.3 服务用语应表达规范、准确、清晰、文明、礼貌。

5.7.4 服务文字应用中文书写，民族自治地区还应增加当地的民族文字。

5.7.5 应根据本地区的特点提出服务忌语，对服务人员应进行防止使用忌语的培训。

5.8 服务行为

5.8.1 服务人员应按规定着装，正确佩戴服务标志。

5.8.2 服务人员应坚守岗位，严格遵守规章制度。

5.8.3 服务人员应做到精神饱满、端庄大方、举止文明、动作规范。

5.9 服务承诺与监督

5.9.1 服务组织应向乘客做出服务承诺，并通过多种方式向乘客和社会公布。服务承诺至少应包括：列车准点率、列车运行图兑现率、乘客有效投诉回复率。

5.9.2 乘客需要时，服务人员应说明或解释服务承诺。

5.9.3 服务应接受乘客和社会的监督；服务组织应提供与乘客交流的有效途径。

5.9.4 服务组织应建立内部服务监督制度，将服务评价纳入日常工作的评价、考核体系。

5.9.5 服务组织应接受社会对服务的监督，应设置服务监督（投诉处理）机构，公布服务监督电话、服务监督机构通信地址。

5.9.6 服务组织的自我评价，每年不应少于一次；评价结果应在车站公示，宜向社会公布。

5.9.7 服务组织应有专人负责相关数据统计，并应保证原始记录真实、准确。

5.9.8 服务组织宜定期委托第三方进行评价，评价结果应在车站内公示，并应向社会公布。

5.9.9 对不合格的服务项目应进行改进，对不合格服务的改进应制定行之有效的措施，并应将改进结果记录存档。

5.9.10 可采用乘客满意度进行服务评价，乘客满意度应通过抽样调查和统计分析获得；服务组织或监督机构可委托第三方进行乘客满意度测评。

5.9.11 一年内有效乘客投诉率和有效乘客投诉回复率应满足下列要求，有效乘客投诉率和有效乘客投诉回复率的计算方法见附录 A。

    a）有效乘客投诉率应小于或等于百万分之三。

    b）有效乘客投诉回复率应为100%。

6 服务设施

6.1 基本要求

    6.1.1 服务设施的布置和运行，应与设计或验收时的标准保持一致。

    6.1.2 服务设施布置和运行的调整变化应是在设计或验收标准要求之上的改进和提高，不应降低服务水平和减少服务内容；不应随意减少服务场所的面积和使用空间。

6.2 车站基本服务设施

    6.2.1 车站出入口、步行梯、通道、站厅、站台等场所应通畅，地面应保证完好、平整、防滑。

    6.2.2 自动扶梯、电梯、轮椅升降机等乘客输送设施应安全、可靠、运行平稳。

    6.2.3 屏蔽门应保证安全可靠、状态完好。

    6.2.4 无障碍服务设施应保证正常使用。

6.3 票务设施

    6.3.1 票务设施应布局合理、满足通过能力和客流疏散要求。

    6.3.2 售检票设施应安全可靠、状态完好。

    6.3.3 当票务设施发生故障无法使用时，应有明显的标志引导乘客使用其他可用设施；必要时，票务闸机通道应处于全开通的状态。

6.4 导乘设施

    6.4.1 导乘标志应醒目、明确、规范，引导乘客安全、便捷出行；标志的设置应符合 GB/T 18574 的要求。

    6.4.2 车站的广播设施应具备对站台、站厅、换乘通道、出入口等处单独广播和集中广播的功能。自动广播发生故障时，应能够进行人工广播。

    6.4.3 广播设施应音质清晰、音量适中、不失真。

6.5 问询服务设施

    6.5.1 车站应有人工问询或自助查询设备，并应标示问询点现时的工作状态。

    6.5.2 自助查询设备应性能可靠、操作简单、指示明确、状态完好。

6.6 照明设施

    6.6.1 车站正常照明和应急照明设施应状态完好；正常照明应采取节能措施，并持续改进。

    6.6.2 照明设施的设置、性能等应符合 GB/T 16275 的要求。

6.7　列车

6.7.1　列车上的座椅、扶手等设施应安全可靠，乘客信息系统应清晰、有效。

6.7.2　列车上的残障等特殊乘客优先座椅应有明显标识。

6.7.3　列车上的应急设备应保持有效，并设置醒目的标志和操作导引。

6.7.4　列车上的空调、采暖、通风、照明、闭路电视（监控用）等设备应保持状态完好，并按规定开启。

6.7.5　运营列车应保持技术状态完好。

6.8　其他设施

6.8.1　车站宜设置适量的乘客座椅，并保持完好。

6.8.2　车站内设置的公共卫生间应清洁，并保证正常使用。

6.8.3　通风、采暖与空调系统、环境与设备监控系统应按规定设置并开启。

6.8.4　火灾报警系统应按规定设置，并保证处于正常运行状态。

6.8.5　屏蔽门的应急开启装置应完好，操作导引应醒目、清晰。

6.8.6　车站的站台、站厅宜设置适量的废物箱。

6.9　服务设施的可靠度

一年内服务设施的可靠度应满足下列要求，相关服务设施可靠度的计算方法见附录 A：

6.9.1　售票机可靠度应大于或等于 98%；

6.9.2　储值卡充值机可靠度应大于或等于 98%；

6.9.3　进出站闸机可靠度应大于或等于 99%；

6.9.4　自动扶梯可靠度应大于或等于 98.5%；

6.9.5　垂直电梯可靠度应大于或等于 99%；

6.9.6　车站乘客信息系统可靠度应大于或等于 98%；

6.9.7　列车乘客信息系统可靠度应大于或等于 98%；

6.9.8　列车服务可靠度应大于 50 万车公里。

7　服务安全

7.1　安全服务设施应保持 100% 的可用性。

7.2　手动火灾报警按钮旁边应设置明显的标志和使用说明

7.3　火灾时，供公众疏散使用的且平时需要关闭的疏散门，应确保在火灾时不需要任何器具易于手动迅速开启

7.4　列车客室内应设置乘客手动报警或与司机或车站控制室通话的装置，紧急情况下乘客可向司机或车站控制室报警

7.5　服务组织应建立安全管理体系，明确安全责任

7.6 服务组织应向乘客进行安全宣传，定期组织应急疏散演习

7.7 服务组织应按规定及时妥善处理给乘客造成的损失或伤害，做到公正、诚实、守信

8 服务环境

8.1 服务卫生

8.1.1 服务组织应向乘客提供适宜的候车和乘车的环境。

8.1.2 服务组织宜向乘客提供温度、湿度、空气质量、噪声等级和天气状况等候车、乘车的环境信息。

8.1.3 车站、列车上应保持空气清新。封闭式车站的温度、新风量应符合 GB 50157 的规定；列车客室内的温度、新风量应符合 GB/T 7928 的规定。

8.1.4 车站的候车和乘车环境应整洁，应及时清除尘土、污迹、垃圾等；不应有异味。

8.1.5 车站、列车车厢、空调系统、公共卫生间等直接与乘客接触的服务设施、反复使用的车票应定期清洁、消毒。

8.1.6 服务人员应持有效的健康证上岗，服务人员患有传染性疾病时，不应从事直接为乘客服务的工作。

8.2 环境保护

8.2.1 列车客室噪声限值应符合 GB 14892 的规定。

8.2.2 车站噪声限值应符合 GB 14227 的规定。

8.3 其他环境

8.3.1 宣传横幅、标语、广告等不应遮挡标志标识、指示牌、公告、通知等服务设施，或影响其使用。

8.3.2 广告宣传灯箱及灯光的使用不应影响标志标识、指示牌、公告、通知以及设施设备的辨认和使用。

附录 A （规范性附录）服务指标计算方法

A.1.1 准点率

准点列车次数与全部开行列车次数之比，用以表示运营列车按规定时间准点运行的程度。计算公式如下：

$$准点率 = \frac{准点列车次数}{全部开行列车次数} \times 100\% \quad \cdots\cdots\cdots\cdots\cdots\cdots (A.1)$$

凡按运行图图定的时间运行，早晚不超过规定时间界限的为准点列车，准点的时间界限

指终点到站时间误差小于或等于 2 min 的列车（市域快速轨道交通系统除外）；市域快速轨道交通系统准点的时间界限指终点到站时间误差小于或等于 3 min 的列车。

A.1.2　列车运行图兑现率

实际开行列车数与运行图定开行列车之比。实际开行的列车中不包括临时加开的列车数。计算公式如下：

$$列车运行图兑现率 = \frac{实际开行列车数}{运行图图定开行列车数} \times 100\% \quad\cdots\cdots\cdots\cdots\cdots（A.2）$$

A.1.3　列车拥挤度

线路高峰小时平均断面客运量与线路实际运输能力之比，列车按定员计算，用以表示列车的拥挤程度。计算公式如下：

$$列车拥挤度 = \frac{高峰小时平均断面客运量}{线路实际运输能力} \times 100\% \quad\cdots\cdots\cdots\cdots\cdots（A.3）$$

A.1.4　售票机可靠度

售票机实际服务时间与售票机应服务时间之比，实际服务时间包括正常的加票和加币时间。计算公式如下：

$$售票机可靠度 = \frac{售票机实际服务时间}{售票机应服务时间} \times 100\% \quad\cdots\cdots\cdots\cdots\cdots（A.4）$$

A.1.5　储值卡充值机可靠度

储值卡充值机实际服务时间与应服务时间之比，实际服务时间包括正常的加票和加币时间。计算公式如下：

$$储值卡充值机可靠度 = \frac{储值卡充值机实际服务时间}{储值卡充值机应服务时间} \times 100\% \quad\cdots\cdots\cdots（A.5）$$

A.1.6　进出站闸机可靠度

进出站闸机实际服务时间与应服务时间之比。计算公式如下：

$$进出站闸机可靠度 = \frac{闸机实际服务时间}{闸机应服务时间} \times 100\% \quad\cdots\cdots\cdots\cdots\cdots（A.6）$$

A.1.7　自动扶梯可靠度

自动扶梯实际服务时间与应服务时间之比。计算公式如下：

$$自动扶梯可靠度 = \frac{自动扶梯实际服务时间}{自动扶梯应服务时间} \times 100\% \quad\cdots\cdots\cdots\cdots\cdots（A.7）$$

A.1.8　垂直电梯可靠度

垂直电梯实际服务时间与应服务时间之比。计算公式如下：

$$垂直电梯可靠度 = \frac{垂直电梯实际服务时间}{垂直电梯应服务时间} \times 100\% \quad\cdots\cdots\cdots\cdots\cdots（A.8）$$

A.1.9　车站乘客信息系统可靠度

车站乘客信息系统实际服务时间与应服务时间之比。计算公式如下：

$$车站乘客信息系统可靠度 = \frac{车站乘客信息系统实际服务时间}{车站乘客信息系统应服务时间} \times 100\% \quad \cdots（A.9）$$

A.1.10 列车乘客信息系统可靠度

列车乘客信息系统实际服务时间与应服务时间之比。计算公式如下：

$$列车乘客信息系统可靠度 = \frac{列车乘客信息系统实际服务时间}{列车乘客信息系统应服务时间} \times 100\% \quad （A.10）$$

A.1.11 列车服务可靠度

一年内发生 5 min 及其以上（至 15 min）延误之间平均行驶的车公里数，数值越大，表明可靠性越高。

A.1.12 有效乘客投诉率

有效乘客投诉次数与客运量之比。计算公式如下：

$$有效乘客投诉率 = \frac{有效乘客投诉次数}{客运量} \times 100\% \quad \cdots\cdots\cdots\cdots\cdots（A.11）$$

A.1.13 有效乘客投诉回复率

已经回复的有效乘客投诉次数与有效乘客投诉次数之比。计算公式如下：

$$有效乘客投诉回复率 = \frac{已回复的有效乘客投诉次数}{有效乘客投诉次数} \times 100\% \quad \cdots\cdots（A.12）$$

有效乘客投诉应在接到投诉之日起，7 个工作日内回复，超过 7 个工作日按未回复处理。

参 考 文 献

［1］毛保华．城市轨道交通规划与设计［M］．北京：人民交通出版社，2006.
［2］毛保华．城市轨道交通系统运营管理［M］．北京：人民交通出版社，2006.
［3］刘莉娜．城市轨道交通客运组织［M］．北京：人民交通出版社，2010.
［4］刘建．城市轨道交通站务管理［M］．北京：北京交通大学出版社，2014.
［5］贾俊芳．城市轨道交通服务质量管理［M］．北京：北京交通大学出版社，2012.